THE 3 CHORD SONGBOOK

The Beach Boys • The Beatles • Johnny Cash
Eric Clapton • Creedence Clearwater Revival
Jim Croce • Neil Diamond • Donovan • Eagles
The Everly Brothers • Guns N' Roses • Elton John

|| E   Esus4 | E   Bsus4 | E   Esus4 | E   Bsus4
Now I'm free,   free fallin'.

| E   Esus4 | E   Bsus4 | E   Esus4 | E   Bsus4
Yeah, I'm free,   free fallin'.

Lynyrd Skynyrd • Bob Marley • Joni Mitchell
Robert Palmer • Dolly Parton • Pearl Jam • Carl Perkins
Peter, Paul & Mary • Tom Petty • REO Speedwagon
Snow Patrol • Steve Miller Band • U2 • Stevie Ray Vaughan

ISBN 978-1-4950-8567-3

HAL•LEONARD®

7777 W. BLUEMOUND RD. P.O. BOX 13819 MILWAUKEE, WI 53213

Visit Hal Leonard Online at
www.halleonard.com

CONTENTS

Ain't That a Shame

Words and Music by
Antoine Domino and Dave Bartholomew

Verse 1

‖C | |
You made ___ me cry

| |
When you said ___ goodbye.

Chorus 1

‖F |
Ain't that a shame!

|C |
My tears fell like rain.

|F |
Ain't that a shame!

|G7 |
You're the one to blame.

Verse 2

‖C |
You broke ___ my heart

| |
When you said ___ we'll part.

Chorus 2

Repeat Chorus 1

Verse 3

‖ **C** |

Oh well, ___ goodbye,

| |

Although ___ I'll cry.

Chorus 2

‖ **F** |

Ain't that a shame!

| **C** |

My tears fell like rain.

| **F** |

Ain't that a shame!

| **G7** | ‖

You're the one to blame.

Sax Solo

C			
F		**C**	
F		**G7**	

Verse 4   *Repeat Verse 1*

Chorus 3   *Repeat Chorus 1*

Verse 5   *Repeat Verse 3*

Outro-Chorus

‖ **F** |

Ain't that a shame!

| **C** |

My tears fell like rain.

| **F** |

Ain't that a shame!

| **C** | ‖

You're the one to blame.

Already Gone

Words and Music by
Jack Tempchin and Robb Strandlund

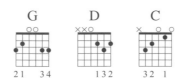

Intro
N.C. ‖G |D |C | |
|G |D |C |

Verse 1
‖G |D |C |
Well, I heard some people talk - in' just the oth - er day,
|G |D |C . |
And they said you were gonna put ___ me on a shelf.
|G |D
But let me tell you, I got some news for you,
|C |
And you'll soon ___ find out it's true,
|G |D |C |
And then you'll have to eat your lunch ___ all by yourself.

Chorus 1
‖G |D |C |
'Cause I'm al - ready gone,
|G |D |C |
And I'm feel - in' strong.
|G |D |C |
I will sing ___ this vict'ry song.
|G |D |C |
Woo, hoo, hoo. ___ My, my. Woo, hoo, hoo.

Verse 2

```
     ‖G              |D              |C            |
The letter that you wrote ___ me made me stop and wonder why,
   |G              |D              |C         |          |
But I guess you felt like you had to set things right.
 G              |D              |C         |
Just remember this, ___ my girl, when you look up in the sky:
     |G              |D              |C            ‖
You could see the stars and still ___ not see the light. ___ That's right.
```

Chorus 2   *Repeat Chorus 1*

Guitar Solo
```
‖:G        |D        |C        |              :‖ **Play 3 times**
|G        |D        |C        |
```

Verse 3
```
     ‖G              |D              |C        |
Well, I know it wasn't you ___ who held me down.
   |G              |D              |C         |
Heaven knows it wasn't you ___ who set me free.
 |G              |D        |C         |
So often times it hap - pens that we live our lives in chains,
 |G              |D              |C        |
And we never even know ___ we had the key.
```

Chorus 3
```
          ‖G  |D        |C        |
But me, I'm al  -   ready gone,
        |G  |D  |C        |
And I'm feel  -   in' strong.
        |G  |D        |C        |
I will sing ___ this vict'ry song.
        |G  |D        |C        |    |G      ‖
'Cause I'm al  -   ready gone.
```

Bad Case of Loving You

Words and Music by
John Moon Martin

(Capo 2nd fret)

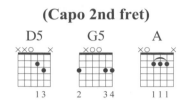

D5   G5   A

Intro   ‖: D5 | :‖ *Play 3 times*
    |

Verse 1
‖ **D5** | | |
The hot summer night fell like a net;
|**G5** |**A** |**D5** |
I gotta find ____ my baby yet.
| | | |
I need   you to sooth my head,
|**G5** |**A** |**D5** | ‖
To turn my blue ____ heart to red.

Chorus 1
D5   **N.C.** |
Doctor, doctor gimme the news
|**D5 N.C.** | |
I got a   bad case of loving you.
G5 |
    No pill's gonna cure my ill,
|**D5** |**A**   ‖
I got a   bad case of lovin' you.

Interlude 1   **D5** | | |

Verse 2

```
        ‖ D5                        |              |
        A pretty face, don't make no pretty heart.
              | G5  | A                    | D5      |
        I learned that,    buddy, from the start.
                        |     |       |      |      |
        You think I'm cute, a little bit shy,
              | G5  | A              | D5      |           ‖
        Mama, I    ain't that kind of guy.
```

Chorus 2   *Repeat Chorus 1*

Guitar Solo
```
        ‖: D5         |          |           |           :‖
        G5           |        | A        |          ‖
```

Bridge
```
        G5                |          |
        I know you like __ it,
        D5               |        |
        You like it on top.
        G5            |    | A              |        |         ‖
        Tell me ma - ma,    are you gonna stop?
```

Interlude 2   *Repeat Interlude 1*

Verse 3
```
                  ‖ D5   |              |           |
        You had me down twenty-one to zip.
                      | G5 | A              | D5      |
        A smile of Ju  -   das on your lip.
                      |     |      |       |      |
        Shake my fist, knock on wood.
              | G5   | A              | D5      |         ‖
        I got it bad ____ and I got it good.
```

Chorus 3   *Repeat Chorus 1*

Outro
```
        D5            |           ‖
```

Bad Moon Rising

Words and Music by
John Fogerty

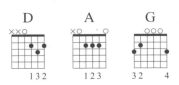

Intro

D |A   G |D | ‖

Verse 1

D |A   G |D | |
  I see a bad moon ris - in'.
     |A   G |D | |
  I see trouble on the way.
     |A   G |D | |
  I see earthquakes ___ and light - nin'.
     |A   G |D | ‖
  I see bad times ___ today.

Chorus 1

G |
  Don't go around tonight.
     |D | |
  Well, it's bound to take your life.
A |G |D | ‖
  There's a bad ___ moon on the rise.

Verse 2

D |A   G |D | |
  I hear hurricanes ___ a blow - in'.
     |A   G |D | |
  I know the end ___ is comin' soon.
     |A   G |D | |
  I fear rivers overflow - in'.
       |A   G |D | ‖
  I hear the voice ___ of rage ___ and ru - in.

Chorus 2

    G |
Don't go around tonight.

       |**D** | |
Well, it's bound to take your life.

A |**G** |**D** | ‖
There's a bad ___ moon on the rise.   Alright.

Guitar Solo

‖:**D** |**A**   **G** |**D** | :‖
G | |**D** | |
A |**G** |**D** | ‖

Verse 3

D |**A**   **G** |**D** | |
 Hope you got your things togeth - er.

        |**A**   **G** |**D** | |
Hope you are quite prepared ___ to die.

        |**A**   **G** |**D** | |
Looks like we're in for nas - ty weath - er.

       |**A**   **G** |**D** |
One eye is taken for an eye.

Chorus 3

      ‖**G** |
 Well, don't go around tonight.

    |**D** | |
Well, it's bound to take your life.

A |**G** |**D** | |
There's a bad ___ moon on the rise.

G |
Don't go around tonight.

    |**D** | |
Well, it's bound to take your life.

A |**G** |**D** | ‖
There's a bad ___ moon on the rise.

Barbara Ann

Words and Music by
Fred Fassert

(Capo 2nd fret)

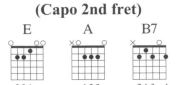

Chorus 1

N.C.
(Ba, ba, ba, ba, __ Ba'bra Ann.

Ba, ba, ba, ba, __ Ba'bra Ann.)

|**E** |**A**
Ba'bra Ann, take my hand.

|**E** |**B7**
Ba'bra Ann, you got me rockin' and a rollin',

|**A** |**E**
Rock - in' and a reelin', Ba'bra Ann,

Ba, ba, ba, __ Ba'bra Ann.

Verse 1

E
Went to a dance, lookin' for romance,

Saw Ba'bra Ann, so I thought I'd take a chance.

|**A**
Oh, Ba'bra Ann, Ba'bra Ann, take my hand.

|**E**
Oh, Ba'bra Ann, Ba'bra Ann, take my hand.

|**B7**
You got me rockin' and a rollin',

|**A** |**E**
Rock - in' and a reelin', Ba'bra Ann,

Ba, ba, ba, __ Ba'bra Ann.

Chorus 2   *Repeat Chorus 1*

Guitar Solo

```
E           |           |           |           |
A           |     |E     |           |
B7    |A    |E          |B7          ‖
```

Verse 2

```
E                    |                    |
Tried Peggy Sue, tried Betty Lou,
                            |
Tried Mary Lou, but I knew they wouldn't do.
            |A           |
Oh, Ba'bra Ann, Ba'bra Ann, take my hand.
            |E           |
Oh, Ba'bra Ann, Ba'bra Ann, take my hand.
              |B7
You got me rockin' and a rollin',
        |A                   |E
Rock - in' and a reelin', Ba'bra Ann,
              |           ‖
Ba, ba, ba, __ Ba'bra Ann.
```

Chorus 3   *Repeat Chorus 1*

Outro-Chorus

```
E           |           |           |
Ba'bra Ann,  Ba'bra Ann.  Ba'bra Ann,  Ba'bra Ann.
A           |     |E     |
Ba'bra Ann,  Ba'bra Ann.  Ba'bra Ann,  Ba'bra Ann.
          |B7                    |A              |E
You got me  rockin' and a rollin', rock - in' and a reelin' Ba'bra  Ann,
            |           ‖
Ba, ba, ba, __ Ba'bra Ann.    *Fade out*
```

Before You Accuse Me
(Take a Look at Yourself)

Words and Music by
Ellas McDaniels

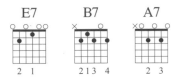

Intro   E7 | B7 |E7 |

Verse 1
‖E7 |
Be - fore you accuse me,

A7 |E7 |
    Take a look at your - self.

        |A7 |
Be - fore you accuse me,

                    |E7 |
Take a look at your - self.

              |B7 |
You say I'm spendin' my money on other women,

A7 |E7 | B7
(You) been takin' money from someone else.

‖E7 |
I called your mama

A7 |E7 |
    'Bout three or four nights a - go.

        |A7 |
I called your mama

                    |E7 |
'Bout three or four nights a - go.

        |B7 |
Your mama said, "Son, don't

A7 |E7 | B7
Call my daughter no more!"

© 1957 (Renewed 1985) EMI LONGITUDE MUSIC
All Rights Reserved   International Copyright Secured   Used by Permission

Verse 3	*Repeat Verse 1*
Guitar Solo 1	*Repeat Verse 1 (Instrumental)*

Verse 4

E7 |
Come back home, baby.

A7 |**E7** |
   Try my love one more __ time.

   |**A7** |
Come on back home, baby.

      |**E7** |
   Try my love one more __ time.

    |**B7** |
You know, I don't __ know when to quit you.

A7 |**E7** | **B7**   ‖
   I'm gonna lose my mind!

Guitar Solo 2	*Repeat Verse 1 (Instrumental)*
Verse 5	*Repeat Verse 1*

Outro

E7 |**A7** |**E7** | |
A7 | |**E7** | |
B7 |**A7** |**E7** | ‖

Big Yellow Taxi

Words and Music by
Joni Mitchell

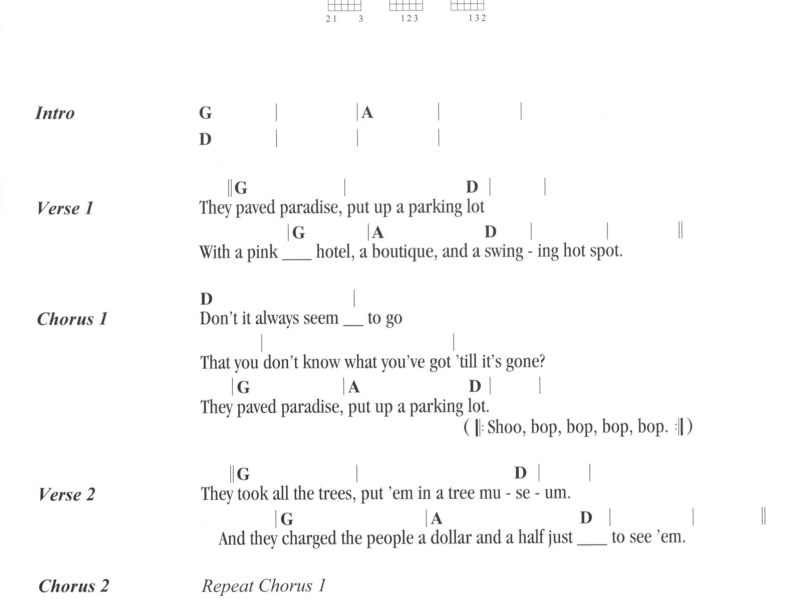

(Capo 2nd fret)

G   A   D

Intro

| G | | | A | | | |
| D | | | | | |

Verse 1

‖ G | | D | | |
They paved paradise, put up a parking lot
| G | A | D | | | ‖
With a pink ___ hotel, a boutique, and a swing - ing hot spot.

Chorus 1

D | |
Don't it always seem ___ to go

| | |
That you don't know what you've got 'till it's gone?
| G | A | D | | |
They paved paradise, put up a parking lot.
(‖: Shoo, bop, bop, bop, bop. :‖)

Verse 2

‖ G | | D | | |
They took all the trees, put 'em in a tree mu - se - um.
| G | A | D | | | ‖
And they charged the people a dollar and a half just ___ to see 'em.

Chorus 2   *Repeat Chorus 1*

Verse 3

    G | **D** | |
Hey, farmer, farmer, put away that D.D.T., __ now.
    |**G**
    Give me spots on my apples,
    |**A**   **D** | | ||
But leave me the birds and the bees. Please!

Chorus 3   *Repeat Chorus 1*

Verse 4

G | **D** | |
Late last night I heard the screen door slam,
    |**G** |**A**   **D** | | ||
And a big yellow taxi took away my old man.

Chorus 4

D |
Don't it always seem __ to go
    | |
That you don't know what you've got 'till it's gone?
    |**G** |**A**   **D** | |
They paved paradise, put up a parking lot.
                  (Shoo, bop, bop, bop, bop.)

Outro-Chorus

    ||**D** |
I said, don't it always seem __ to go
    | |
That you don't know what you've got __ 'till it's gone?
    |**G** |**A**   **D** | |
They paved paradise, put up a parking lot.
                  (Shoo, bop, bop, bop, bop.)
    G |**A**   **D** | |
They paved paradise, put up a parking lot.
                  (Shoo, bop, bop, bop, bop.)
    |**G** |**A**   **D** | | ||
They paved paradise, put up a parking lot. __ *Ha, ha, ha.*

Blowin' in the Wind

Words and Music by
Bob Dylan

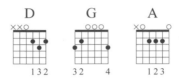

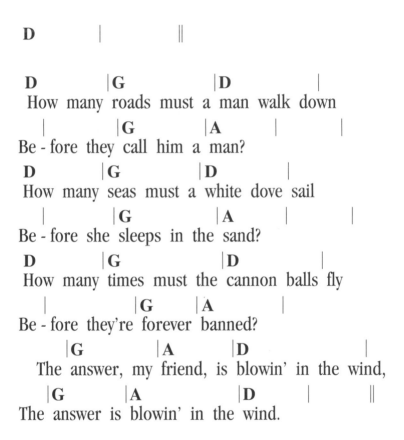

Intro D | ||

Verse 1

D |G |D |
How many roads must a man walk down
| |G |A | |
Be - fore they call him a man?
D |G |D |
How many seas must a white dove sail
| |G |A | |
Be - fore she sleeps in the sand?
D |G |D |
How many times must the cannon balls fly
| |G |A |
Be - fore they're forever banned?
|G |A |D |
The answer, my friend, is blowin' in the wind,
|G |A |D | ||
The answer is blowin' in the wind.

Verse 2

```
D        |G        |D        |
 How many years can a mountain ex-ist
 |        |G        |A        |        |
Be-fore it's washed to the sea?
D        |G        |D        |
 How many years can some people ex-ist
 |        |G        |A        |        |
Be-fore they're al-lowed to be free?
D        |G        |D        |
 How many times can a man turn his head,
 |        |G        |A        |
Pre-tending he just doesn't see?
    |G        |A        |D        |
 The answer, my friend, is blowin' in the wind,
 |G        |A        |D        |        ||
The answer is blowin' in the wind.
```

Verse 3

```
D        |G        |D        |
 How many times must a man look up
 |        |G        |A        |        |
Be-fore he can see the sky?
D        |G        |D        |
 How many ears must one man have
 |        |G        |A        |        |
Be-fore he can hear people cry?
D        |G        |D        |
 How many deaths will it take till he knows
 |        |G        |A        |
That too many people have died?
    |G        |A        |D        |
 The answer, my friend, is blowin' in the wind,
 |G        |A        |D        |        ||
The answer is blowin' in the wind.
```

Blue Suede Shoes

Words and Music by
Carl Lee Perkins

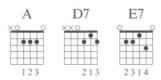

Verse 1

‖ **N.C.**   **A** |
Well, it's one for the money,

N.C.   **A** |
  Two for the show,

N.C. |**A**
  Three to get ready, now go, cat, go!

Chorus 1

‖**D7** |
But don't you

             |**A** |
Step on my blue suede shoes.

       |**E7**
  You can do anything

      | |**A** |
But lay off of my blue suede shoes.

Verse 2

              ‖A   N.C. |
Well, you can knock me down,

A   N.C. |
Step in my face,

A   N.C. |A   N.C.
Slander my name all over the place,

   |A N.C. |A   N.C.
And, do anything that you want to do,

   |A N.C. |A
But uh-uh, honey, lay off of my shoes.

Chorus 2

        ‖D7 |
And don't you

                   |A |
Step on my blue suede shoes.

        |E7
You can do anything

   | |A | ‖
But lay off of my blue suede shoes.

Interlude 1   A | | | |D7 | |

                     A | |E7 | |A |

Verse 3

          ‖A   N.C. |
You can burn my house,

A   N.C. |
Steal my car,

A   N.C. |A   N.C. |
Drink my liquor from my old fruit jar;

A |A   N.C.
Do anything that you want to do,

  |A N.C. |A
But uh-uh, honey, lay off of them shoes.

Chorus 3   *Repeat Chorus 2*

Interlude 2   *Repeat Interlude 1*

Verse 4

      ‖**A** **N.C.** |
Well, it's one for the money,

    A **N.C.** |
Two for the show,

    A **N.C.** |**A**
Three to get ready, now go, cat, go!

Chorus 4   *Repeat Chorus 1*

Outro

      ‖**A** | |
Well, it's blue, blue, blue suede shoes,

       | |
 Blue, blue, blue suede shoes, yeah.

D7 | |
 Blue, blue, blue suede shoes, baby.

A |
 Blue, blue, blue suede shoes.

    |**E7**
You can do anything

     | |**A** | ‖
But lay off of my blue suede shoes.

Call Me the Breeze

Words and Music by
John Cale

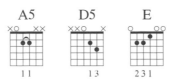

Intro ‖: A5 | | | :‖ *Play 4 times*

Verse 1

A5 | | | | | | |
Call me the breeze; I keep blow - in' down the road.
|D5 | |
Well, now, they call me the breeze;
| |A | | |
I keep blow - in' down the road.
|E | |
I ain't got me nobod - y;
D5 | |A5 | | |
I don't car - ry me no load.

Verse 2

‖A5 | |
Ain't no change in the weath - er,
| | | | |
Ain't no changes in me.
|D5 | |
Well, there ain't no change in the weath - er,
| |A5 | | |
Ain't no changes in me.
|E | |
And I ain't hidin' from nobod - y;
D5 | |A5 |
Nobody's hidin' from me.
| | ‖
Oh, that's the way it's s'posed to be.

Guitar Solo

```
‖: A5    |         |         |         :‖
   D5    |         |         |          |
   A5    |         |         |          |
   E     |        | D5       |         ‖
‖: A5    |         |         :‖ Play 3 times
   D5    |         |         |          |
   A5    |         |         |          |
   E     |        | D5       |          |
   A5    |         |         |
```

Verse 3

```
              ‖ A5        |         |
Well, I got that green light, ba - by;
       |         |         |         |         |
I got to keep movin' on.
              | D5        |         |
Well, I got that green light, babe;
       |              | A5        |         |         |
I got to keep movin' on.
              | E         |         |
Well, I might go out to Califor - nia,
   D5                              | A5    |         |         |        ‖
Might go down to Georgia, I don't know.
```

Piano Solo   *Repeat Guitar Solo*

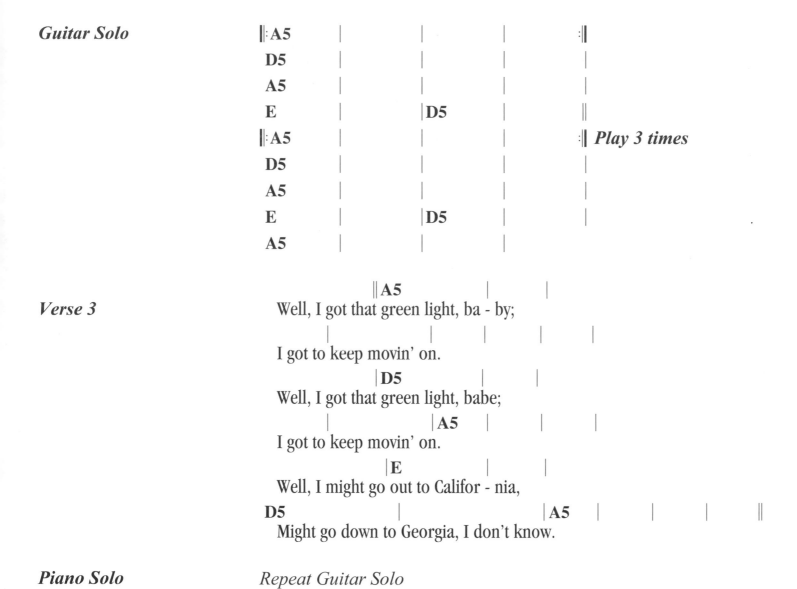

Verse 4

```
             ‖A5                    |          |
Well, I dig you Georgia peach - es;
                 |          |       |        |        |
Makes me feel right at home.
                 |D5                |        |
Well, now, I dig you Georgia peach - es;
                 |              |A5  |     |          |
Makes me feel right at home.
                 |E           |        |
But I don't love me no one woman,
D5            |              |A5  |     |        |
So I can't stay in Georgia long.
```

Verse 5

```
                 ‖A5                |        |
Well, now, they call me the breeze;
                 |          |       |      |        |
I keep blow - in' down the road.
                 |D5                |      |
Well, now, they call me the breeze;
                 |              |A5  |      |        |
I keep blow - in' down the road.
           |E          |        |
I ain't got me nobod - y,
D5            |              |A5  |       ‖
I don't car - ry me no load.
```

Bye Bye Love

Words and Music by
Felice Bryant and Boudleaux Bryant

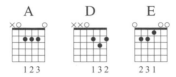

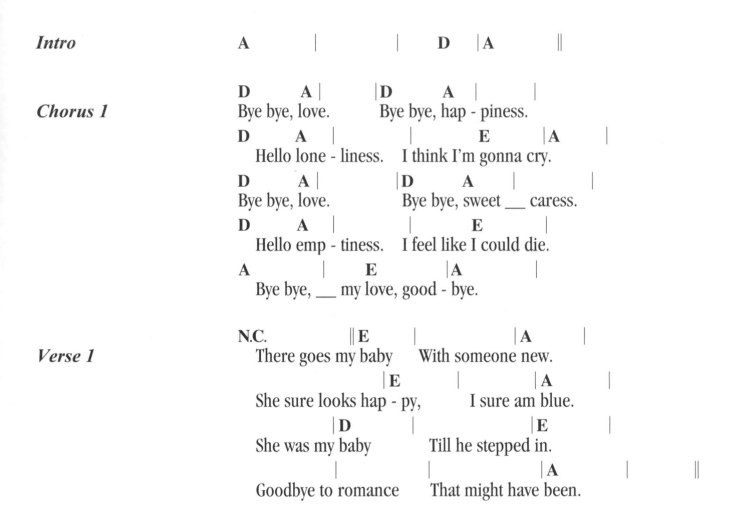

Intro

A | | D |A ||

Chorus 1

D A| |D A | |
Bye bye, love.   Bye bye, hap - piness.
D A | | E |A |
Hello lone - liness.   I think I'm gonna cry.
D A| |D A | |
Bye bye, love.   Bye bye, sweet __ caress.
D A | | E |
Hello emp - tiness.   I feel like I could die.
A | E |A |
Bye bye, __ my love, good - bye.

Verse 1

N.C. ‖E | A |
There goes my baby   With someone new.
|E | |A |
She sure looks hap - py,   I sure am blue.
|D | |E |
She was my baby   Till he stepped in.
| | |A | ‖
Goodbye to romance   That might have been.

Chorus 2   *Repeat Chorus 1*

Verse 2

N.C.   ‖ **E** | | **A** |
I'm through with romance, I'm through with love.

     | **E** | | **A** |
I'm through with counting The stars a - bove.

     | **D** | | **E** |
And here's the reason That I'm so free,

    | | | **A** | ‖
My loving baby   is through with me.

Chorus 3

D   **A** | |**D** |**A** |
Bye bye, love.   Bye bye, hap - piness.

D |**A** | **E** |**A** |
 Hello lone - liness. I think I'm gonna cry.

D   **A** | |**D**   **A** | |
Bye bye, love.   Bye bye, sweet caress.

D   **A** | | **E**
 Hello emp - tiness. I feel like I could die.

‖: **A** |**E**   :‖
 Bye bye, __ my love, goodbye. ***Repeat and fade***

Can't You See

Words and Music by
Toy Caldwell

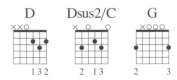

Intro   ‖: D |Dsus2/C |G |D   :‖ *Play 5 times*

Verse 1

       D |Dsus2/C
        Gonna take a freight train, down at the station, Lord,
       G |D
        I don't care where it goes.
                 |Dsus2/C
        Gonna climb a mountain, the highest mountain.
       G |D
        I jump off, nobody gonna know.

Chorus 1

              ‖D |Dsus2/C
      Can't you see, ___ whoa, can't you see
            |G |D
      What that woman, Lord, she been doin' to me?
            | |Dsus2/C
      Can't you see, ___ can't you see
            |G |D   ‖
      What that woman, she been doin' to me?

Verse 2

       D |Dsus2/C
        I'm gonna find me a hole in the wall,
       G |D
        I'm gonna crawl inside and die.
              |Dsus2/C
        'Cause my lady now, a mean old woman, Lord,
       G |D
        Never told me goodbye.

Chorus 2   *Repeat Chorus 1*

Guitar Solo 1   ‖: D |Dsus2/C |G |D   :‖

	D	|Dsus2/C	

Verse 3

       D   **|Dsus2/C**   **|**
I'm gonna buy a ticket now,   as far as I can
G   **|D**   **|**
Ain't never comin' back.

                                   |Dsus2/C
Grab me a southbound   all the way to Georgia now,   **|**
G   **|D**
Till the train, it run out of track

Chorus 3   *Repeat Chorus 1*

Guitar Solo 2   *Repeat Guitar Solo 1*

Chorus 4

                      ‖D   **|Dsus2/C**
Can't you see, whoa, ____ can't you see
                    |G   **|D**
What that woman, Lord, she been doin' to me?
                    | **|Dsus2/C**
Can't you see, whoa, can't you see
                    |G   **|D**
What that woman, she been doin' to me?
                       | **|Dsus2/C**
(Can't you see.) Oh, she's such a cra - zy lady.
                   |G   **|D**
(What that woman.)What that woman, she been doin' to me?
                      | **|Dsus2/C**
(Can't you see) Lord, I can't stand it no ____ more.
                    |G   **|D**
(What that woman.) Oh, she's been doin' to me.

Verse 4

                       ‖D
(Can't you see) ____ I'm gonna take a freight train
                      |Dsus2/C
(Can't you see) _____ Down at the station, Lord
                      |G   **|D**
(What that woman) Ain't never comin' back. ____ Oh, no.
                      |
(Can't you see) Gonna ride me a southbound, now,
                      |Dsus2/C
(Can't you see) _____ All the way to Georgia, Lord
                      |G   **|D**   **‖**
(What that woman) Till the train, it run out a track.

Guitar Solo 3   *Repeat Guitar Solo 1*

Outro   **D**   **|Dsus2/C**   **|G**   **|D**   **‖**

Chasing Cars

Words and Music by Gary Lightbody,
Tom Simpson, Paul Wilson,
Jonathan Quinn and Nathan Connolly

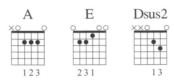

Intro   A | |

Verse 1
       ‖A |E | |Dsus2| |A | | |
We'll do it all,   ev'rything _____ on our own.
               |E | |Dsus2 | |A |
We don't need   anything _____ or anyone.

Chorus 1
      ‖A | |E |
If I lay here,   if I just lay here,
      |Dsus2 | |A | |
Would you lie with me and just forget the world?

Verse 2
    ‖A |E | |Dsus2| |A | | | |
I don't quite know   how to say _____ how I feel.
          |E | |Dsus2 | |A |
Those three words,   I said too much, ___ then not enough.

Chorus 2
      ‖A | |E |
If I lay here,   if I just lay here,
      |Dsus2 | |A | |
Would you lie with me and just forget the world?

Verse 3

          ‖**A** | | **E** |
Forget what we're told   before we get too ____ old.

         |**Dsus2** | **A** | | |
Show me a garden that's bursting into life.

          |**E** | |**Dsus2** | **A** | |
Let's waste time ____ chasing cars ____ a - round our heads.

     | |**E** | **Dsus2** | **A** |
I need your grace ____ to remind me ____ to find my own.

Chorus 3

          ‖**A** | **E** |
If I lay here, if I just lay here,

         |**Dsus2** | **A** |
Would you lie with me and just forget the world?

Verse 4

          ‖**A** | **E** |
Forget what we're told   before we get too ___ old.

       |**Dsus2** | **A** |
Show me a garden that's bursting into life.

        | | **E** |
All that I am, all that I ever was

        |**Dsus2** | **A** |
Is here in your perfect eyes, they're all I can see.

        | | **E** |
I don't know where, confused about how as well.

      |**Dsus2** | **A** |
Just know that these things will never change for us at all.

Outro-Chorus   *Repeat Chorus 1*

Coat of Many Colors

Words and Music by
Dolly Parton

(Capo 3rd fret)

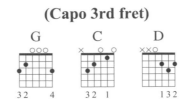

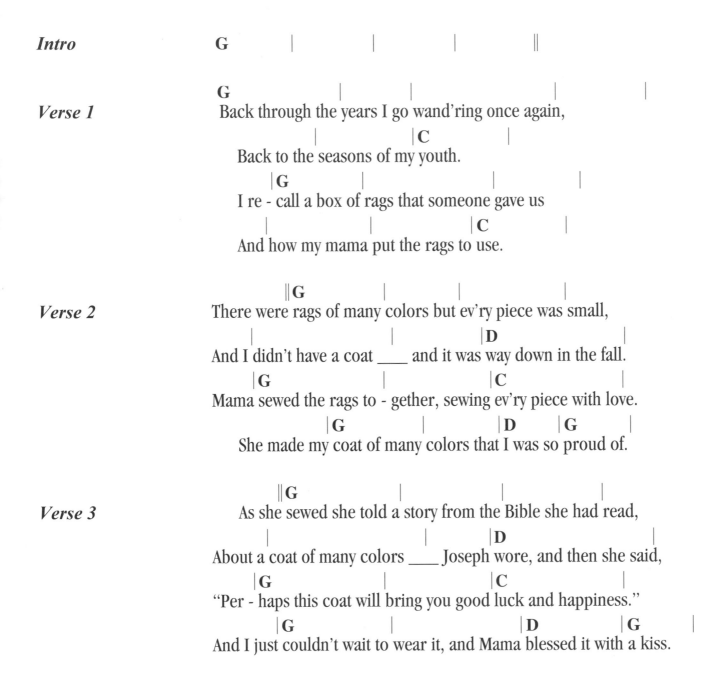

Intro   G | | | ‖

Verse 1

G | | | |
Back through the years I go wand'ring once again,

          | |C |
Back to the seasons of my youth.

        |G | | |
I re - call a box of rags that someone gave us

        | | |C |
And how my mama put the rags to use.

Verse 2

              ‖G | | |
There were rags of many colors but ev'ry piece was small,

        | | |D |
And I didn't have a coat ____ and it was way down in the fall.

      |G | |C |
Mama sewed the rags to - gether, sewing ev'ry piece with love.

              |G | |D |G |
She made my coat of many colors that I was so proud of.

Verse 3

              ‖G | | |
As she sewed she told a story from the Bible she had read,

        | | |D |
About a coat of many colors ____ Joseph wore, and then she said,

      |G | |C |
"Per - haps this coat will bring you good luck and happiness."

              |G | |D |G |
And I just couldn't wait to wear it, and Mama blessed it with a kiss.

Chorus 1

```
      ‖C              |          |G          |          |
      My coat of many colors that my mama made for me
C              |       |G          |D          |
Made only from rags but I wore it so proud - ly.
      |G          |          |C          |
Al - though we had no money, I was rich as I could be
  |G          |       |D          |G          |
In my coat of many colors my mama made for me.
```

Verse 4

```
          ‖G          |          |          |
      So with patches on my britches and holes in both my shoes,
  |          |          |D          |
In my coat of many colors ____ I hurried off to school
  |G          |       |C          |
Just to find the others laughing and a making fun of me
  |G          |       |D          |G          |
In my coat of many colors my mama made for me.
```

Verse 5

```
          ‖G          |          |          |
      And oh, I couldn't under - stand it, for I felt I was rich,
  |          |          |D          |
And I told 'em of the love ____ my mama sewed in ev'ry stitch,
  |G          |       |C          |
And I told them all the story Mama told me while she sewed
      |G          |       |D          |G          |
And how my coat of many colors was worth more than all their clothes.
```

Chorus 2

```
          ‖C          |          |G          |
      But they didn't under - stand it and I tried to make them see
|C          |       |G          |D          |
That one is only poor only if they choose to be.
      |G          |       |C          |
Now I know we had no money, but I was rich as I could be
  |G          |       |D          |C          |
In my coat of many colors my mama made for me,
              |G          |       ‖
      Made just for me.
```

33

Cold, Cold Heart

Words and Music by
Hank Williams

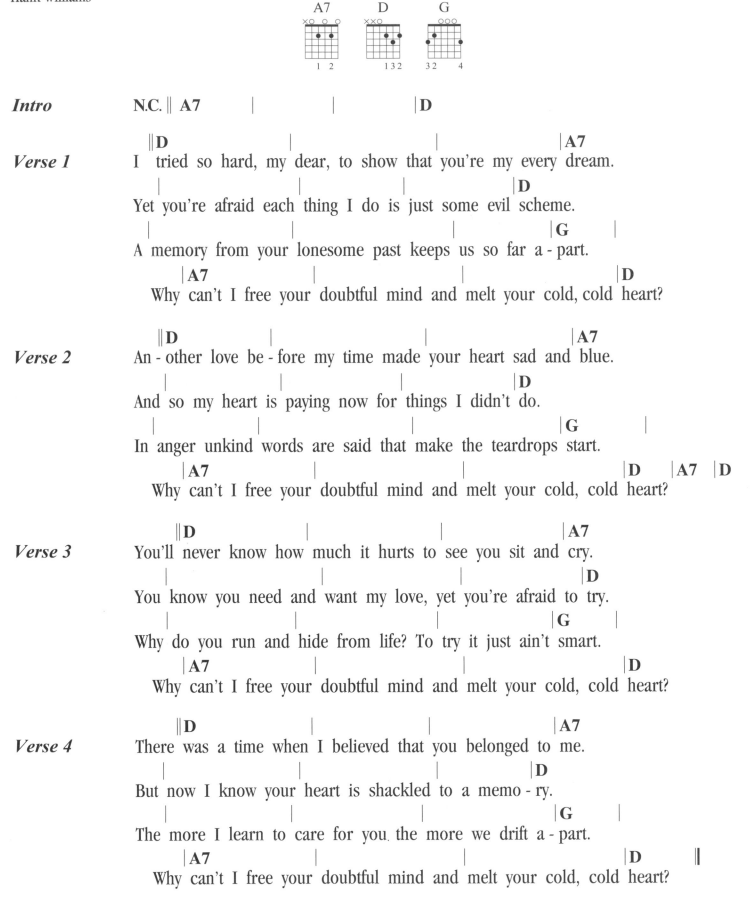

Intro N.C. ‖ A7 | | | D

Verse 1
‖D | | |A7
I tried so hard, my dear, to show that you're my every dream.
| | | |D
Yet you're afraid each thing I do is just some evil scheme.
| | | |G |
A memory from your lonesome past keeps us so far a - part.
|A7 | | |D
Why can't I free your doubtful mind and melt your cold, cold heart?

Verse 2
‖D | | |A7
An - other love be - fore my time made your heart sad and blue.
| | | |D
And so my heart is paying now for things I didn't do.
| | | |G |
In anger unkind words are said that make the teardrops start.
|A7 | | |D |A7 |D
Why can't I free your doubtful mind and melt your cold, cold heart?

Verse 3
‖D | | |A7
You'll never know how much it hurts to see you sit and cry.
| | | |D
You know you need and want my love, yet you're afraid to try.
| | | |G |
Why do you run and hide from life? To try it just ain't smart.
|A7 | | |D
Why can't I free your doubtful mind and melt your cold, cold heart?

Verse 4
‖D | | |A7
There was a time when I believed that you belonged to me.
| | | |D
But now I know your heart is shackled to a memo - ry.
| | | |G |
The more I learn to care for you, the more we drift a - part.
|A7 | | |D |‖
Why can't I free your doubtful mind and melt your cold, cold heart?

Folsom Prison Blues

Words and Music by
John R. Cash

(Capo 1st fret)

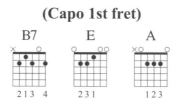

B7   E   A

2 1 3 4   2 3 1   1 2 3

Intro   B7 | |E |

Verse 1

‖E |
I hear the train a coming;

| |
It's rolling 'round the bend,

| |
And I ain't seen the sunshine

| |
Since I don't know when.

|A | |
I'm stuck in Folsom Prison,

| |E | | |
And time keeps dragging on.

|B7 | |
But that train keeps a rolling

| |E |
On down to San An - tone.

Verse 2

      ‖ **E** |
When I was just a baby,

    | | |
My mama told me, "Son,

          |
Always be a good boy;

    | |
Don't ever play with guns."

    | **A** | |
But I shot a man in Reno

        | | **E** | | |
Just to watch him die.

    | **B7** | |
When I hear that whistle blowing,

        | | **E** |
I hang my head and cry.

Guitar Solo 1   *Repeat Verse 1 (Instrumental)*

Verse 3

    ‖ **E** |
I bet there's rich folks eating

    | |
In a fancy dining car.

      | |
They're probably drinking coffee

    | |
And smoking big ci - gars.

    | **A** | |
Well, I know I had it coming;

      | | **E** | | |
I know I can't be free.

    | **B7** | |
But those people keep a - moving

      | | **E** |
And that's what tortures me.

Guitar Solo 2   *Repeat Verse 1 (Instrumental)*

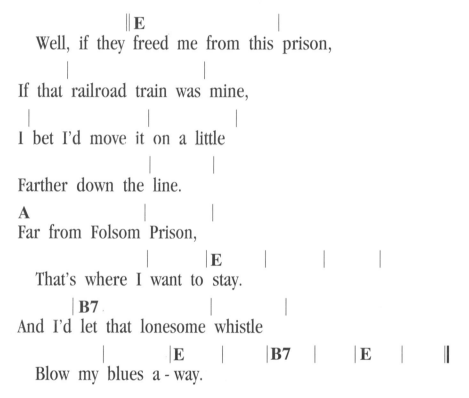

Verse 4

‖**E** |
Well, if they freed me from this prison,

| |
If that railroad train was mine,

| | |
I bet I'd move it on a little

| |
Farther down the line.

A | |
Far from Folsom Prison,

| |**E** | | |
That's where I want to stay.

|**B7** | |
And I'd let that lonesome whistle

| |**E** | |**B7** | |**E** | ‖
Blow my blues a - way.

Cross Road Blues
(Crossroads)

Words and Music by
Robert Johnson

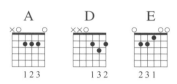

Intro

    A | | | |

    D | |A | |

    E |D |A | E

Verse 1

                 ||A |D |A |

I went down _____ to the crossroads,   fell down on my knee.

        |D | |A | |

Down ____ to the crossroads, fell down on my knee.

    E |D |A |

Asked the Lord above for mercy,   "Take me if you please."

Verse 2

         ||A |D |A |

I went down to the crossroad,   tried to flag a ____ ride.

        |D | |A |

Down ____ to the crossroad, tried to flag a ride.

     |E |D |A |

No - body seemed to know me, ev'rybody passed me by.

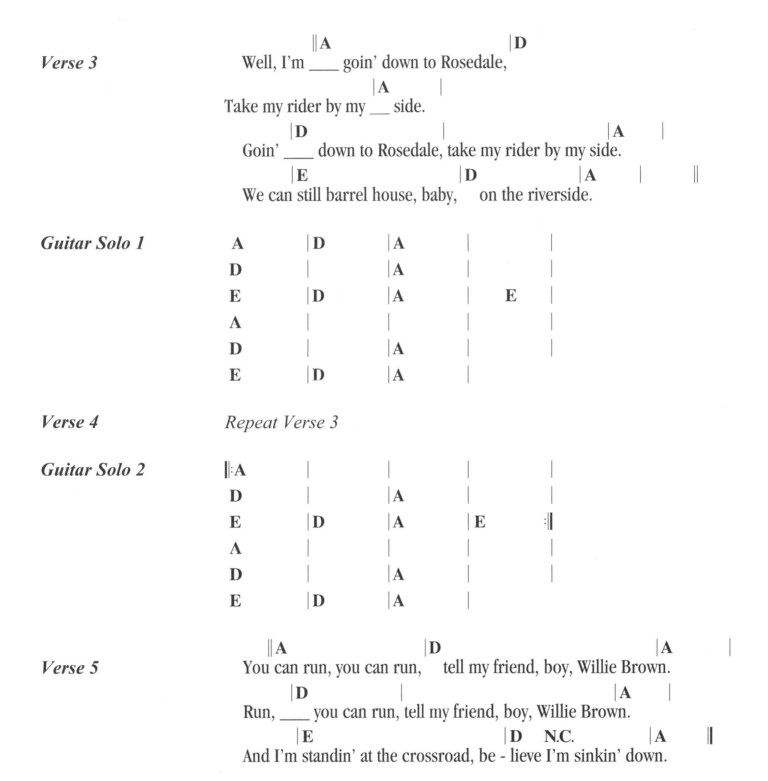

Verse 3

‖A |D
Well, I'm ____ goin' down to Rosedale,

                |A |
Take my rider by my ___ side.

       |D |A |
Goin' ____ down to Rosedale, take my rider by my side.

       |E |D |A | ‖
We can still barrel house, baby,   on the riverside.

Guitar Solo 1

A		D		A			
D				A			
E		D		A		E	
A							
D				A			
E		D		A			

Verse 4

Repeat Verse 3

Guitar Solo 2

‖:A							
D				A			
E		D		A		E	:‖
A							
D				A			
E		D		A			

Verse 5

               ‖A |D |A |
You can run, you can run,   tell my friend, boy, Willie Brown.

        |D | |A |
Run, ____ you can run, tell my friend, boy, Willie Brown.

        |E |D   N.C. |A   ‖
And I'm standin' at the crossroad, be - lieve I'm sinkin' down.

Daughter

Words and Music by Stone Gossard,
Jeffrey Ament, Eddie Vedder,
Michael McCready and David Abbruzzese

G   Gsus²₄   Em7

Intro

G   Gsus²₄ G | Gsus²₄ G |
Gsus²₄ G | Gsus²₄   ‖

Verse 1

G   Gsus²₄ G| Gsus²₄ G |
A - lone,   list - less,
      Gsus²₄ G |Gsus²₄ |
Break - fast ta - ble in an otherwise empty room.

G   Gsus²₄ G | Gsus²₄ G |
Young girl,   vio - lins,
Gsus²₄ G |Gsus²₄ |
Center of her own attention.

G   Gsus²₄ G | Gsus²₄   G |
Moth - er reads aloud, child tries to under - stand it,
Gsus²₄ G | Gsus²₄ |
Tries   to make her __ proud.

Pre-Chorus 1

G   ‖Em7 |
The shades go down. It's in her head,

| |
Painted room, can't deny

| ‖
There's something wrong.

Chorus 1

G   Gsus²₄ G | Gsus²₄ G |
Don't call   me daught - er, not fit   to.
      Gsus²₄ G | Gsus²₄ |G
The pic - ture kept will remind me.
      Gsus²₄ G | Gsus²₄ G |
Don't call   me daughter, not fit   to.
      Gsus²₄ G | Gsus²₄ |G
The pic - ture kept will remind me.
      Gsus²₄   ‖
Don't call me…

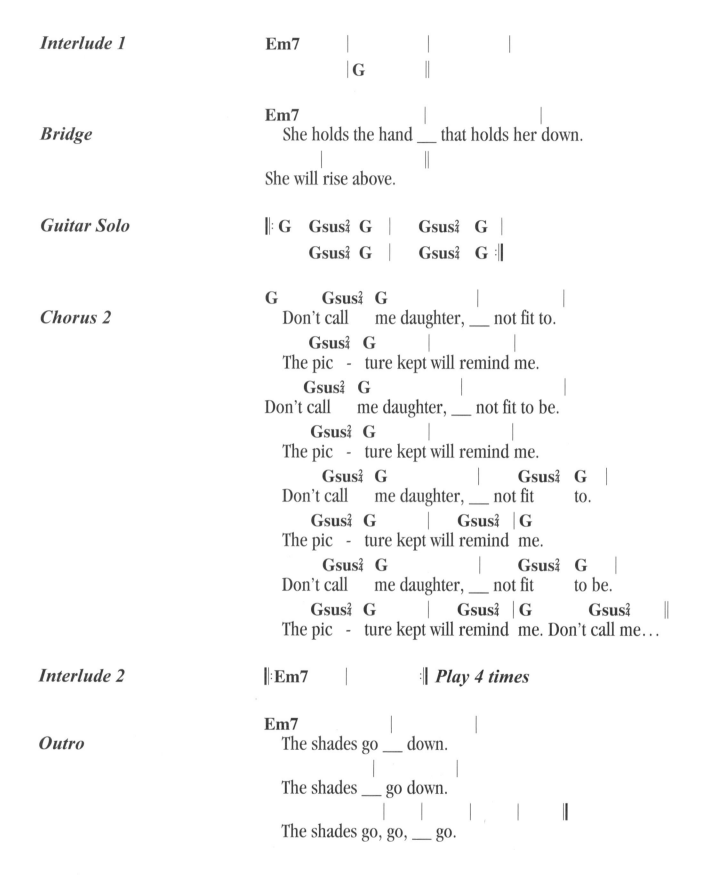

Interlude 1　　　　　Em7　　|　　　|　　　|
　　　　　　　　　　　　　　　|G　　　||

Bridge　　　　　Em7　　　　|　　　　|
　　　　　She holds the hand __ that holds her down.
　　　　　|　　　　||
　　　　　She will rise above.

Guitar Solo　　　‖: G　Gsus⁴₂ G　|　Gsus⁴₂ G　|
　　　　　　　　Gsus⁴₂ G　|　Gsus⁴₂ G :‖

Chorus 2　　　G　　Gsus⁴₂ G　|　　|
　　　　　Don't call　me daughter, __ not fit to.
　　　　　Gsus⁴₂ G　|　　|
　　　　　The pic - ture kept will remind me.
　　　　　Gsus⁴₂ G　|　　|
　　　　　Don't call　me daughter, __ not fit to be.
　　　　　Gsus⁴₂ G　|　　|
　　　　　The pic - ture kept will remind me.
　　　　　Gsus⁴₂ G　|　Gsus⁴₂ G |
　　　　　Don't call　me daughter, __ not fit　to.
　　　　　Gsus⁴₂ G　|　Gsus⁴₂ |G
　　　　　The pic - ture kept will remind me.
　　　　　Gsus⁴₂ G　|　Gsus⁴₂ G |
　　　　　Don't call　me daughter, __ not fit　to be.
　　　　　Gsus⁴₂ G　|　Gsus⁴₂ |G　　Gsus⁴₂ ||
　　　　　The pic - ture kept will remind me. Don't call me…

Interlude 2　　　‖: Em7　|　　:‖ *Play 4 times*

Outro　　　　Em7　　|　　|
　　　　　The shades go __ down.
　　　　　|　　|
　　　　　The shades __ go down.
　　　　　|　|　|　|　‖
　　　　　The shades go, go, __ go.

41

The First Cut Is the Deepest

Words and Music by
Cat Stevens

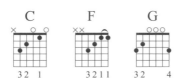

Intro

```
C   F G |        |C   F G |              |
C   F G |        |C   F G |
```

Verse 1

```
            ‖C              G         |F   G
I would have given you all ___ of my heart,
             |C             G          |F   G
But there's someone who's torn it apart.
             |C             G          |F
And she's taken just all ___ that I had.
         G            |C              G        |F
But, if you want, I'll   try to love again.
G        |C           F                 |G        ‖
Baby, I'll try ___ to love a - gain, but I know.
```

Chorus 1

```
    C          G          |F
   The first cut is the deep - est.
G              |C       G            |F   G
Baby, I know     the first cut is the deep - est.
             |C         G                |F   G
When it come to bein' lucky, she's cursed.
               |C        F              |G        |
When it come ___ to lovin' me, she's worse.
```

Verse 2

```
           ‖C         G    |F    G
I still want you by ___ my side.
                |C         G              |F   G
Just to help __ me dry the tears that I cried.
         |C       G            |F
And I'm sure gonna give you a try.
       G           |C              G      |F
And, if you want, I'll try to love again.
G        |C        F            |G        ‖
Baby, I'll try __ to love a - gain, but I know.
```

Chorus 2   *Repeat Chorus 1*

Guitar Solo   *Repeat Intro (Instrumental)*

Verse 3

```
           ‖C         G    |F    G
I still want you by ___ my side.
                |C         G              |F   G
Just to help __ me dry the tears that I cried.
         |C       G            |F
But I'm sure gonna give you a try.
       G           |C              G      |F
Cause if you want, I'll try to love again.
G        |C        F            |G    |       ‖
Baby, I'll try __ to love a - gain, but I know.
```

Chorus 3

```
     C       G         |F
    The first cut is the deep - est.
G        |C      G           |F    G
Baby, I know   the first cut is the deep - est.
         |C       G                |F   G
When it come to bein' lucky, she's cursed.
             |C       G              |F   G  ‖
When it come __ to lovin' me, she's worse.
```

Outro   ‖: C   F G | :‖ ***Repeat and fade***

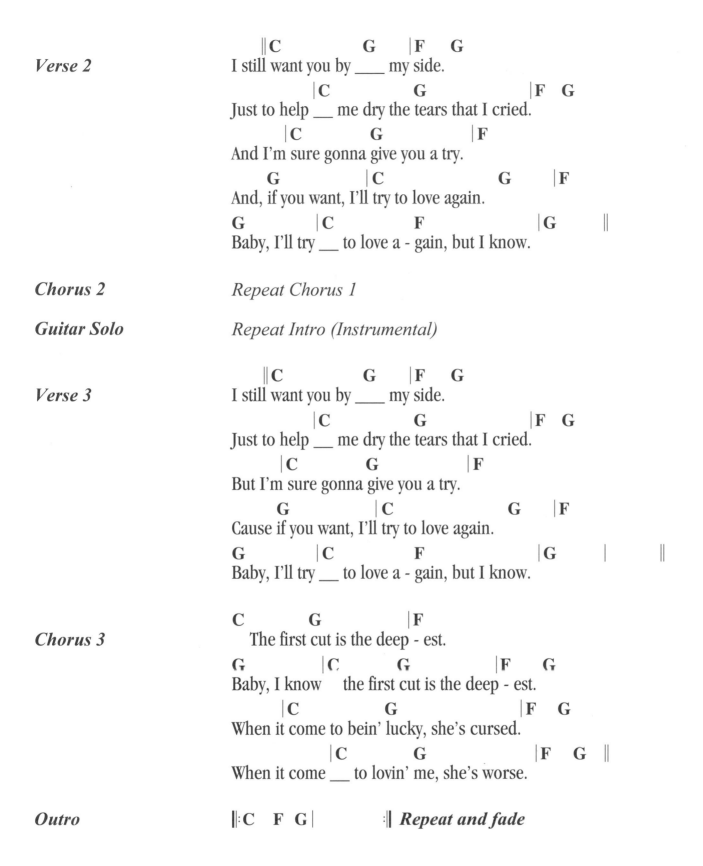

Free Fallin'

Words and Music by
Tom Petty and Jeff Lynne

(Capo 1st fret)

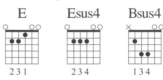

E   Esus4   Bsus4

2 3 1   2 3 4   1 3 4

Intro E   Esus4 | E   Bsus4 |E   Esus4 | E   Bsus4

Verse 1

‖E   Esus4| E   Bsus4
She's a good girl,   loves ___ her mama,

|E   Esus4 | E   Bsus4
Loves Je - sus, and A - mer - ica too.

|E   Esus4 | E   Bsus4
She's a good girl,   cra - zy 'bout Elvis,

|E   Esus4 | E   Bsus4 |E   Esus4 | E   Bsus4
Loves hor - ses and her boy - friend, too.

Verse 2

‖E   Esus4 | E   Bsus4
And it's a long day   livin' in Re - seda.

|E   Esus4 | E   Bsus4
There's a free - way   runnin' through the yard.

|E   Esus4 | E   Bsus4
And I'm a bad boy 'cause I don't even miss her.

|E   Esus4 | E   Bsus4
I'm a bad boy for break - in' her heart.

Chorus 1

‖E   Esus4 | E   Bsus4 |E   Esus4 | E   Bsus4
Now I'm free,   free fallin'.

|E   Esus4 | E   Bsus4 |E   Esus4 | E   Bsus4
Yeah, I'm free,   free fallin'.

Verse 3

```
      ‖E    Esus4 |      E         Bsus4
Now all the vam - pires   walkin' through the valley
       |E   Esus4    |    E         Bsus4
Move west down Ven - tu - ra Boule - vard.
        |E   Esus4 |      E         Bsus4
And all the bad boys are standin' in the shadows.
        |E    Esus4 |    E         Bsus4
And the good girls are home with broken hearts.
```

Chorus 2   *Repeat Chorus 1*

Interlude 1

```
E   Esus4 |  E  Bsus4 |

E     Esus4      |  E  Bsus4         |
  (Free fallin', I'm a   free fallin', I'm a…)
E   Esus4 |  E  Bsus4 |

E     Esus4      |  E  Bsus4
  (Free fallin', I'm a   free fallin', I'm)
```

Verse 4

```
        ‖E    Esus4 |  E         Bsus4
I wanna glide down   o - ver Mul - holland,
        |E    Esus4 |    E        Bsus4
I wanna write her      name in the sky.
         |E   Esus4 |  E  Bsus4
I'm gonna free fall     out into nothin',
         |E    Esus4 |    E       Bsus4
Gonna leave this     world for a while.
```

Chorus 3   *Repeat Chorus 1*

Interlude 2

```
E   Esus4 |  E  Bsus4 |

E      Esus4      |E  Bsus4
  (Free fallin', I'm a free fallin,)
```

Outro

```
        ‖E    Esus4 |  E  Bsus4 |E   Esus4 |   E  Bsus4   ‖
Yeah, I'm free,             free fallin'.              Oh!
‖: E      Esus4      |  E  Bsus4      :‖
  (Free fallin', I'm a   free fallin', I'm a)  *Repeat and fade*
```

Hold My Hand

Words and Music by Darius Carlos Rucker,
Everett Dean Felber, Mark William Bryan
and James George Sonefeld

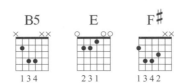

Intro

B5 E |B5 E |B5 E |B5 E

Verse 1

‖B5 E |B5   E
With a little love   and some tenderness,

|B5   E |B5   E
We'll walk upon the water, we'll rise above the mess.

|B5   E |B5   E
With a little   peace   and some harmony,

|B5   E |B5   E ‖
We'll take the world to - gether, we'll take 'em by the hand.

Pre-Chorus 1

F♯   E   B5 | |
 'Cause I got a hand ____ for you.

F♯   E   B5|
 'Cause I wanna run with you.

Verse 2

‖B5 E |B5   E
Yesterday ____   I saw you standing there.

|B5   E
Your head was down, your eyes were red,

|B5   E
No comb had touched your hair.

|B5 E |B5   E
I said, "Get up, ____   and let me see ____ you smile.

|B5   E |B5   E
We'll take a walk to - gether,   walk the road a while."

Pre-Chorus 2

```
     ‖ F♯                          E          B5  |                              |
     'Cause ____  ('Cause I got a hand for you.) I got a hand for you.
     F♯                    E        B5  |                                    ‖
        ('Cause I wanna run with you.) Won't you let me run with you, yeah.
```

Chorus 1

```
     B5   E  F♯ |                                 |
     (Hold my hand.) Want you to hold my hand.
     B5    E  F♯ |                                |
     (Hold my hand.) I'll take you to a place where
     B5         E  F♯ |                                    |
     (Hold      my hand.)
     You can be              anything you wanna be because
     E                          |                        ‖
        I wanna love you the best __ that, the best that I can.
```

Interlude   *Repeat Intro*

Verse 3

```
                        ‖ B5    E         | B5           E
     You see, I was wast - ed     and I was wasting time.
       | B5                 E       | B5              E
     Till I thought about your problems, I thought about your crime.
                   | B5   E                  | B5        E
     Then I stood up, ____     and then I screamed ____ aloud,
                | B5              E
     "I don't wanna be part of your problems,
                | B5                 E            ‖
     Don't wanna be ____ part of your crowd, no."
```

Pre-Chorus 3

```
     F♯                  E        B5 |                         |
        'Cause I got a hand for you. I got a hand for you.
     F♯                  E        B5 |                              ‖
        'Cause I wanna run with you. Won't you let me run with you?
```

Chorus 2

B5   E F♯ | |
(Hold my hand.) I want you to hold my hand.

B5   E F♯ | |
(Hold my hand.) I'll take you to the promised land.

B5   E F♯ |
(Hold my hand.) Maybe we can change the world.

    | E | ‖
But   I wanna love you the best __ that, the best that I can.

Guitar Solo

B5   E |B5   E |B5   E |B5   E |

F♯ E B5 | |F♯ E B5 | ‖

Chorus 3

B5   E F♯ | |
(Hold my hand.) Want you to hold my hand.

B5   E F♯ | |
(Hold my hand.) I'll take you to a place where

B5   E F♯ | |
(Hold   my hand.)
You can be   anything you wanna be because

E | ‖
   I, oh, __ no, no, no, no, no.

Chorus 4

B5   E F♯ | |
(Hold my hand.) I want you to hold my hand.

B5   E F♯ | |
(Hold my hand.) I'll take you to the promised land.

B5   E F♯ |
(Hold my hand.) Maybe we can change the world.

    | E | |B5 E
But   I wanna love you the best __ that, the best that I can.

   |B5 E |B5 E |B5 E ‖
Oh, ___   the best that I can.

Lively Up Yourself

Words and Music by
Bob Marley

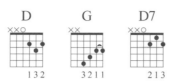

Intro

|D |G |D |G |
|D |G |D |G

Chorus 1

‖D |G |D |G
You're gonna lively up yourself, ___ and don't be no drag.
|D |G |D |G
You lively up yourself, ___ oh, reggae is an - other bag.
|D |G |D |G
You lively up yourself, ___ and don't say no.
|D |G |D
You're gonna lively up yourself, ___ 'cause I said so.
|G
Hear what you gonna do.

Verse 1

‖D |G |D |G
You rock so you rock so, like you never did before. Yeah.
|D |G |D |G
You dip so you dip so, dip through my door.
|D |G |D |G
You come so you come so. Oh, ___ yeah.
|D |G |D |G
You skank so you skank so, be alive to - day.

Chorus 2

           ‖D |G |D |G
You're gonna lively up yourself, ___ and don't say no.

      |D |G |D |G
You lively up yourself, ___ big daddy says so, ___ y'all.

      |D |G |D |G
You lively up yourself, ___ and don't be no drag.

      |D |G |D |G   ‖
You lively up yourself, ___ 'cause reggae is an - other bag.

Verse 2

D |G |D |G |
  What you got   that I don't know?

D |G |D |
  I'm a tryin' to won - der, wonder, won - der, why you wonder,

G |D |G   ‖
  Wonder why you act so act so.

Interlude 1

D |G |D |G |
  Yeah.

          D |G   ‖
Spoken: Aye, did you hear what the man said?

Chorus 3

D |G |D |G |
Lively up your,   your woman in the morning time, y'all.

D |G
Keep a lively up your woman when the evening come

      |D |G   ‖
And take her, take you, take you, take you.

Interlude 2

D |G |D |G   ‖
  Come on, baby, 'cause I, I wanna be lively myself, y'all.

      ‖:D7 |G |D7 |G   :‖ ***Play 3 times***

      ‖:D |G |D |G   :‖ ***Play 4 times***

Chorus 4

```
D            |G        |D      |G       |
Lively up your - self.
D            |G        |D    |G
Lively up your - self.
```

Sax Solo

```
              ‖D                |G        |
   You're gonna rock so you rock so.
‖:D        |G          :‖ Play 7 times
```

Verse 3

```
         ‖D                |G      |D        |G
You rock so, you rock so.
   |D              |G      |D      |G
You dip so, you dip so.
   |D                  |G          |D      |G
You skank so you skank so,    and don't be no drag.
   |D                  |G              |D      |G      |
You come so, you come so.    Oh, reggae is an - other bag.
                              |D    |G      ‖
Spoken: Get what you get in that bag.
```

Outro

```
D                          |G                      |D      |G      |
   What you got in that other bag you got hangin' there?
D                |G    |
   What you say you got?
D  |G            |D  |G  |D  |G  ‖
   I don't believe you.                    Fade out
```

Hound Dog
featured in the Motion Picture A FEW GOOD MEN

Words and Music by
Jerry Leiber and Mike Stoller

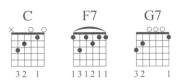

Chorus 1

N.C.   ‖ C |
You ain't nothin' but a hound dog a,

            | |
C-cryin' all the time.

                        | F7 |
You ain't nothin' but a hound dog a,

            | C |
Cryin' all the time.

            | G7
Well, you ain't never caught a rabbit

| F7 | N.C. |
And you ain't no friend of mine.

Verse 1

                        ‖ C |
Well, they said you was high - classed.

            | |
Well, that was just a lie.

                        | F7 |
Yeah, they said you was high-class.

            | C |
Well, that was just a lie.

            | G7
Well, you ain't never caught a rabbit

| F7 | N.C. |
And you ain't no friend of mine.

Chorus 2   *Repeat Chorus 1*

Solo 1

C				
F7		**C**		
G7	**F7**	**C**		

Verse 2   *Repeat Verse 1*

Solo 2   *Repeat Solo 1*

Verse 2   *Repeat Verse 1*

Chorus 3

‖ **C** |
You ain't nothin' but a hound dog a,

| |
C-cryin' all the time.

|**F7** |
You ain't nothin' but a hound dog a,

|**C** |
Cryin' all the time.

|**G7**   **N.C.**
Well, you ain't never caught a rab - bit;

| |**C**
You ain't no friend of mine.

| ‖

You ain't nothin' but a hound dog.

The House Is Rockin'

Written by
Stevie Ray Vaughan and Doyle Bramhall

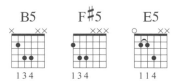

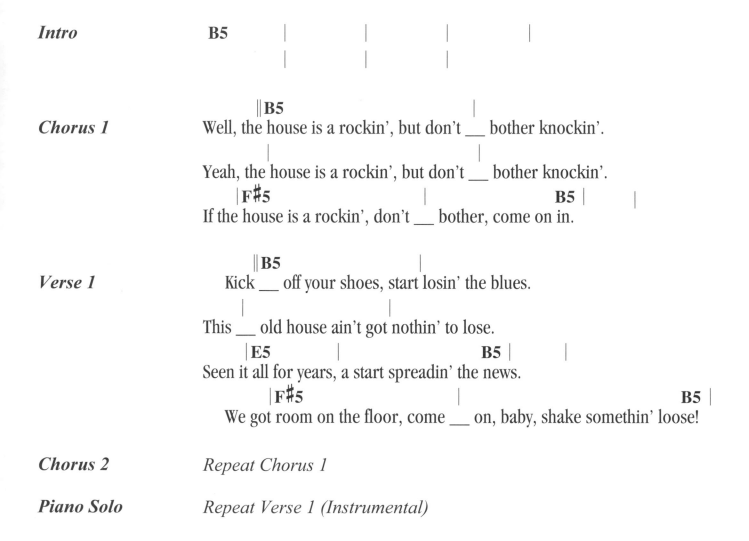

Intro   B5 | | | |
| | |

Chorus 1
‖B5 |
Well, the house is a rockin', but don't __ bother knockin'.
| |
Yeah, the house is a rockin', but don't __ bother knockin'.
|F#5 | B5 | |
If the house is a rockin', don't __ bother, come on in.

Verse 1
‖B5 |
Kick __ off your shoes, start losin' the blues.
| |
This __ old house ain't got nothin' to lose.
|E5 | B5 | |
Seen it all for years, a start spreadin' the news.
|F#5 | B5 | |
We got room on the floor, come __ on, baby, shake somethin' loose!

Chorus 2   *Repeat Chorus 1*

Piano Solo   *Repeat Verse 1 (Instrumental)*

Guitar Solo	**B5**	|	|	|	|
	E5	|	|**B5**	|	|
	F♯5	|	|	|	|
		|	|	|	|
	B5	|			

Chorus 2   *Repeat Chorus 1*

Verse 2

‖ **B5** |
Walk - in' up the street, you can hear the sound

                    | |
Of some bad honky tonkers really layin' it down.

                    |**E5** | **B5** | |
They've seen it all for years, they got nothin' to lose.

            |**F♯5** | **B5** | |
So get out on the floor, shim - my till you shake somethin' loose!

Chorus 3   *Repeat Chorus 1*

Outro

            ‖**F♯5** | |**B5** | | ‖
I said the house is a rockin', don't ___ bother, come on in.

I Still Haven't Found What I'm Looking For

Words and Music by
U2

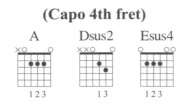

(Capo 4th fret)

Intro ‖: A | | | :‖

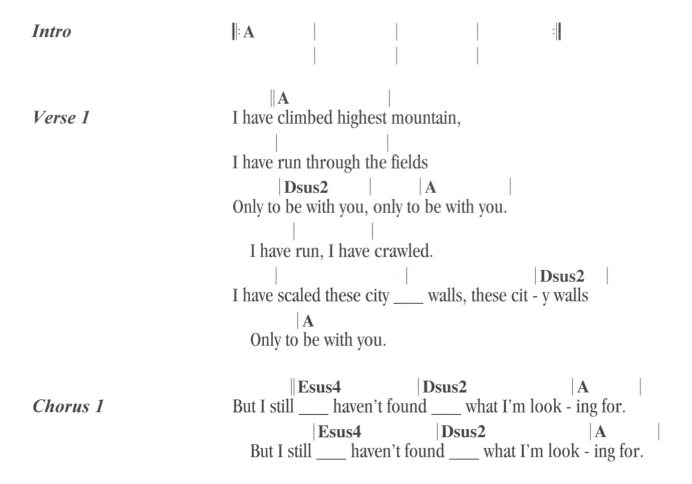

Verse 1

‖A |
I have climbed highest mountain,

| |
I have run through the fields

|Dsus2 | |A |
Only to be with you, only to be with you.

| |
I have run, I have crawled.

| | |Dsus2 |
I have scaled these city ___ walls, these cit - y walls

|A
Only to be with you.

Chorus 1

‖Esus4 |Dsus2 |A |
But I still ___ haven't found ___ what I'm look - ing for.

|Esus4 |Dsus2 |A |
But I still ___ haven't found ___ what I'm look - ing for.

Verse 2

  ‖**A** |
I have kissed honey lips,

   | |
Felt the healing in her finger - tips.

     |**Dsus2** | |**A** |
It burned like ___ fire; this burning de - sire.

    | |
I have spoke with the tongue of angels.

   | |
I have held the hand of the devil,

   |**Dsus2** | |**A** |
It was warm in the night; I was cold as a ___ stone.

  Mmm, hmm.

Chorus 2   *Repeat Chorus 1*

Interlude   **A** | | | |

            | |**Dsus2** | |

         A | | | |

Verse 3

   ‖**A** | |
I be - lieve in the Kingdom Come.

   | | |**Dsus2** |
Then all the colours will bleed in - to one, bleed in - to one.

     |**A** |
But yes, I'm still ___ runnin'.

     | |
You broke the bonds ___ and you loosed the chains,

    | |**Dsus2** |
Carried the cross of my ___ shame, of my ___ shame.

     |**A** ‖ |
You know I be - lieve it.

Chorus 3

‖: |**Esus4** |**Dsus2** |**A** |
 But I still ___ haven't found ___ what I'm look - ing for.

      |**Esus4** |**Dsus2** |**A** :‖ ‖
 But I still ___ haven't found ___ what I'm look - ing for.

Outro   ‖:**A** | | | :‖ *Repeat and fade*

The Joker

Words and Music by Steve Miller,
Eddie Curtis and Ahmet Ertegun

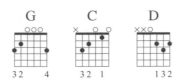

Verse 1

G   C |D   C
Some people call me the Space Cowboy.
  |G   C |D C |
Yeah ___ some call me the Gangster of Love.
G   C |D   C
Some people call me Maur - ice,
   |G   C |D C |
'Cause I speak of the pompatus of love.
G C |D   C |
People talk about ___ me, baby.
G   C |D   C |
Say I'm do - ing wrong, do - ing you wrong.
G   C |D   C
Well, don't you worry, ba - by, don't wor - ry,
  |G   C |D C
'Cause I'm right here, right here, right here, right here at home.

Chorus 1

         ‖G   C
'Cause I am a picker, I'm a grinner,
  |G   C |
I'm a lover, and I'm a sinner.
G   C |D C
I play my mu - sic in the sun.
 |G   C
I'm a joker, I'm a smoker,
 |G   C |
I'm a midnight tok - er.
G   C |D
I get my lov - ing on the run.
    | ‖
Oo, hoo. ___ Oo, hoo.

Guitar Solo 1 ‖: G   C |D   C :‖ *Play 4 times*

Verse 2

G   C |D   C
You're the cutest thing ___ that I ev - er did see.
|G   C |D   C |
I really love your peach - es, want to shake your tree.
G   C |D   C |
  Lovey dove - y, lovey dovey, lovey dovey all the time.
G   C |D   C
  Oo, wee, ba - by, I'll sure show you a good time.

Chorus 2

           ‖G   C
'Cause I'm a picker, I'm a grinner,
    |G   C |
I'm a lover, and I'm a sinner.
G   C |D C
  I play my mu - sic in the sun.
   |G   C
I'm a joker, I'm a smoker,
  |G   C |
I'm a midnight tok - er.
G   C |D C ‖
  I sure don't want ___ to hurt no one.

Guitar Solo 2

G   C |G   C |G   C |D   C |
G   C |G   C |G   C |D | ‖
                                             Oo, hoo. Oo, hoo.

Outro-Verse

G   C |D   C |
  Peo - ple keep talking about ___ me, baby.
G C |D C |
  Say I'm doing you wrong.
G   C |D   C |
  Well, don't you worry, don't worry, no don't wor - ry mama
G   C |D C |
  'Cause I'm right here at home.
G C |D   C
  You're the cutest thing I ever did see.
|G   C |D   C |
I really love your peaches, want to shake your tree.
G   C |D   C |
  Lovey dove - y, lovey dovey, love - y dovey all the time.
G   C |D   C ‖
  Come on, babe, ___ and I'll show you a good time.   *Fade out*

La Bamba

By Ritchie Valens

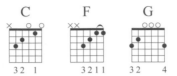

Intro

C F G | |C F |G

Verse 1

N.C.   ‖C   F G |
Para bailar La Bam - ba.
                        |C   F   G |
    Para bailar La Bam - ba, se nece - si - ta
            |C   F   G |
Un poca de gracia.
                |C   F   G |
    Una poca de gracia para mi para ti
            |C   F   G |
Y arriba, arri - ba,
                |C   F G |
    Y arriba, arri - ba, por ti se re,
        |C   F   G |
Por ti se re, por ti se re.
N.C. |C   F   G |
    Yo no soy mari - nero.
                    |C   F   G |
    Yo no soy mari - nero, soy capi - tan,
                |C F G | ‖
Soy capitan, ___ soy capi - tan.

Chorus 1

C   F G | |
Bam - ba, bam - ba.
C   F G | |
Bam - ba, bam - ba.
C   F G | |
Bam - ba, Bam - ba.
C   F
Bam - ba.

Verse 2

G |N.C. ||C F G |
  Para bailar La Bam - ba.
        |C   F   G |
  Para bailar La Bam - ba, se nece - si - ta
    |C   F   G |
Un poca de gracia.
       |C   F   G |
  Una poca de gracia para mi para ti
    || C
Y arriba, arri - ba.

Solo

||:C   F G | :|| *Play 8 times*

Verse 3

N.C. ||C F G |
  Para bailar La Bam - ba.
       |C   F   G |
  Para bailar La Bam - ba, se nece - si - ta
    |C   F   G |
Un poca de gracia.
     |C   F   G |
  Una poca de gracia para mi para ti
    |C   F   G |
Y arriba, arri - ba,
     |C   F   G |
  Y arriba, arri - ba, por ti se re,
   |C   F |G ||
Por ti se re, por ti se re.

Outro

||:C   F G | |
  Bam - ba, bam - ba.
C   F G | :||
Bam - ba, bam - ba.   *Repeat and fade*

Lay Down Sally

Words and Music by Eric Clapton,
Marcy Levy and George Terry

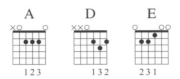

Intro ‖:A | | | :‖ *Play 4 times*

Verse 1

A |
There is nothing that __ is wrong

| | |D |
In wanting you to stay __ here with me.

|A |
I know you've got somewhere __ to go,

| | |D |
But won't you make yourself __ at home and stay with me?

|E | ‖
And don't you ever leave.

Chorus 1

A |
Lay down, Sal - ly,

|D | |
And rest here in my arms.

E | |A | |
Don't you think you want __ someone to talk __ to?

|
Lay down Sal - ly,

|D | |
No need to leave so soon.

E · | |A | ‖
I've been trying all __ night long just to talk with you.

Interlude A | | | |
  | | |

Verse 2

‖**A** |
The sun ain't nearly on __ the rise,

             | | |**D**
And we still got the moon __ and stars a - bove. | |

A | |
Underneath the vel - vet skies,

                                      |
Love is all that mat - ters;

             |**D** |
Won't you stay with me?

                              |**E** | ‖
And don't you ever leave.

Chorus 2   *Repeat Chorus 1*

Guitar Solo   ‖:**A** | | | :‖ *Play 8 times*

Verse 3

‖**A** | |
I long to see the morn - ing light

                              | |**D** |
Coloring your face __ so dreami - ly.

       |**A** | |
  So don't you go and say __ goodbye.

                                      |
You can lay your wor - ries down

       |**D** |
And stay with me.

                              |**E** | ‖
  And don't you ever leave.

Chorus 3

A |
Lay down, Sal - ly,

       |**D** | |
And rest here in my arms.

E | |**A** | |
Don't you think you want __ someone to talk __ to?

                              |
Lay down Sal - ly,

             |**D** | |
There's no need to leave so soon.

E | |**A** | ‖
I've been trying all __ night long just to talk with you.

Chorus 2   *Repeat Chorus 3*

Outro   ‖:**A** | | :‖ *Repeat and fade*

Love Me Do

Words and Music by
John Lennon and Paul McCartney

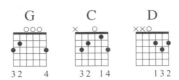

Intro

| G | C | G | C | |
| G | C | G | | ‖ |

Chorus 1

G |C
Love, love me do.

 |G |C
You know I love you.

 |G |C
I'll always be true.

 | | |
So please,

  N.C. |G |C |G |C   ‖
Love me do.   Oh, love me do.

Chorus 2

G |C
Love, love me do.

 |G |C
You know I love you.

 |G |C
I'll always be true.

 | | |
So please,

  N.C. |G |C |G | ‖
Love me do.   Oh, love me do.

Bridge

D | |
Someone to love,
C |**G** |
Somebody new.
D | |
Someone to love,
C |**G** ||
Someone like you.

Chorus 3

Repeat Chorus 2

Solo

‖:**D** | |**C** |**G** :‖
| | | **D** ‖

Chorus 4

G |**C**
Love, love me do.
|**G** |**C**
You know I love you.
|**G** |**C**
I'll always be true.
| | |
So please,
N.C. |**G** |**C** |**G** |**C**
Love me do. Oh, love me do.
‖:**G** |**C**
Yeah, love me do.
|**G** |**C** :‖ *Repeat and fade*
Oh, love me do. Yeah,

Rain

Words and Music by
John Lennon and Paul McCartney

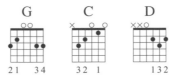

Intro G | | |

Verse 1
   ‖ G
If the rain comes,
 | C D | G
They run and hide their heads.
 | C D | G
They might as well be ___ dead,
 | C | | G |
If the rain comes, if the rain ___ comes.

Verse 2
   ‖ G
When the sun shines,
 | C D | G
They slip in - to the shade,
 | C D | G
And sip their lemon - ade,
  | C | | G | ‖
When the sun shines, ___ when the sun ___ shines.

Chorus 1

G | | C | | G | | |
Rain, _____ I don't mind.
G | | C | | G |
Shine, _____ the weather's fine.

Verse 3

‖ G
I can show you
| C D | G |
That when it starts to rain,
C D | G
Every - thing's the same.
| C | | G | ‖
I can show you, I can show you.

Chorus 2

Repeat Chorus 1

Verse 4

‖ G
Can you hear me
| C D | G
That when it rains and ___ shines,
| C D | G
It's just a state of mind?
| C |
Can you hear me?
| G | ‖
Can you hear me?

Outro

‖: G | | | :‖ *Repeat and fade*

Route 66

By Bobby Troup

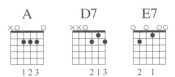

Intro A | | |

Verse 1
       ‖A |D7 |A |
Well, if you ever plan ____ to motor West,
      |D7 | |A |
Travel my way, that's the highway, that's the best.
          |E7 |D7 |A |
Get your kicks ____ on Route Sixty Six.

Verse 2
       ‖A |D7 |A |
Well, it winds from Chi - cago to L.A.
        |D7 | |A |
More than two thousand miles all the way.
       |E7 |D7 |A |
A, get your kicks on Route Sixty Six.

Bridge 1

    ‖**A**   **N.C.** |**A**   **N.C.** |

Well, it goes from St. Louie, Joplin, Missouri,

A   **N.C.** |

Oklahoma City looks, oh, so pretty.

    |**D7** | |**A** | |

You'll see Ama - rillo,   and Gallup, New Mexico.

E7 | |

Flagstaff, Arizona. Don't forget Winona,

        |

Kingman, Barstow, San Bernardino.

Verse 3

    ‖**A** |**D7** |**A** |

Won't you get hip __ to this kindly tip?

    |**D7** | |**A** |

If you take that California trip,

        |**E7** |**D7** |**A**   ‖

Get your kicks ___ on Route Sixty Six.

Guitar Solo

A | | | |

D7 | |**A** | |

E7 |**D7** |**A** |

Bridge 2

Repeat Bridge 1

Verse 4

    ‖**A** |**D7** |**A** |

Would you get hip __ to this kindly tip,

    |**D7** | |**A** |

And go take that California trip?

        |**E7** |**D7** |**A** |

And get your kicks ___ on Route Sixty Six.

        |**E7** |**D7** |**A** |

Well, get your kicks ___ on Route Sixty Six.

        |**E7** |**D7** |**A**   ‖

Well, get your kicks ___ on Route Sixty Six.

Sad Songs (Say So Much)

Words and Music by
Elton John and Bernie Taupin

Intro

C | |F | |
G | |C | |

Verse 1

|| C | |F |
Guess there are times __ when we all need __ to share a lit - tle pain,

| G |
And ironing out the rough spots

| C |
Is the hardest part when memories remain.

| | |F |
And it's times __ like these when we all __ need to hear the ra - dio,

| G |
'Cause from the lips __ of some old sin - ger

| C |
We can share the troubles we already know.

Chorus 1

|| C | |F |
Turn 'em on, __ turn 'em on, __ turn on those sad songs.

| G | |C |
When all hope is gone __ why don't you tune in and turn them on?

| | |F |
They reach into your room, oh, __ just feel their gen - tle touch.

| G | |C |
When all hope is gone __ a sad song says so much.

Verse 2

‖C | |F |

If someone else is suffering enough, oh, to write __ it down,

|G |

When ev'ry single word makes sense,

|C |

Then it's easier to have those songs around.

| | |F |

The kick inside __ is in the line __ that finally gets __ to you,

|G | |C |

And it feels so good to hurt so bad and suffer just enough to sing the blues.

Chorus 2

‖C | |F |

So, turn 'em on, __ turn 'em on, __ turn on those sad songs.

|G | |C |

When all hope is gone __ why don't you tune in and turn them on?

| | |F |

They reach into your room, oh, __ just feel their gen - tle touch.

|G | |C |

When all hope is gone __ you know sad songs say so much.

Bridge

‖F | |G |

Sad songs, they say, sad songs, they say,

|F | |G |

Sad songs, they say, sad songs, they say so much.

Chorus 3

‖C |

So, turn 'em on. __ Whoa, turn 'em on,

|F |

Turn on those sad songs.

|G | |C |

When all hope is gone __ why don't you tune in and turn them on?

| | |F |

They reach into your room, oh, __ just feel their gen - tle touch.

|G | |C |

When all hope is gone __ you know sad songs say so much.

|G | |C   ‖

When all hope is gone __ you know sad songs say so much.

Outro

‖: |G |

When ev'ry little bit of hope is gone,

|C   :‖

Sad songs says so much.   *Repeat and fade*

Seven Bridges Road

Words and Music by
Stephen T. Young

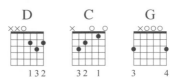

Verse 1

N.C. | | | |
There are stars in the southern sky,

| | |
Southward as you go.

| | |
There is moonlight and moss in the trees

| | | ||
Down the Seven Bridges Road.

Interlude

D | |C |
G |D |

Verse 2

```
‖D    |C   |G         |D      |
```
Now I have loved you like a ba - by,
```
      |C        |G  |D    |
```
Like some lonesome child.
```
      |    |C   |G          |D
```
And I have loved you in a tame ___ way,
```
      |    |C        |G  |D    |
```
And I have loved you wild.

Bridge

```
          ‖C   |              |D      |
```
Some - times there's a part ___ of me
```
       |C   |         |D    |    |
```
Has to turn from here and go.
```
C            |         |D        |
```
Runnin' like a child from these warm stars
```
       |    |C   |G   |D     ‖
```
Down the Seven Bridges Road.

Verse 3

```
N.C.    |           |          |
```
There are stars in the southern sky,
```
     |         |          |         |       |        |
```
And if ever you de - cide you should go,
```
       |         |          |
```
There is a taste of time sweet and honey
```
     |     |     |     |        ‖
```
Down the Seven Bridges Road.

Steal My Kisses

Words and Music by
Ben Harper

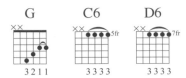

Intro

‖:G |C6 |D6 |G   :‖

Verse 1

G |C6
I pulled in to Nashville, Tennes - see,
 |D6 |G
But you wouldn't even come around to see me.
| |C6
And since you're heading up to Caroli - na,
 |D6 |G
You know I'm gonna be right there behind ___ ya.

Chorus 1

‖ G |C6
'Cause I always have to steal my kisses from you,
|D6 |G |
I always have to steal my kisses from you.
                         |C6
Always have to steal my kisses from ___ you,
|D6 |G
I always have to steal my kisses from ___ you.

Verse 2

‖ G |C6
Now I'd love to feel that warm southern rain.
 |D6 |G
Just to hear it fall is the sweetest sounding thing.
| |C6
And to see it fall on your simple country dress,
 |D6 |G
It's like ___ heaven to me, I must con - fess.

Chorus 2   *Repeat Chorus 1*

Verse 3

‖ **G** |**C6**
Now I've been hanging 'round you for days
  |**D6** |**G**
But when I lean in you just turn your head a - way.
    | |**C6**
Whoa, ___ no, you didn't mean that.
          |**D6** |**G**
She said, "I love ___ the way you think, but I hate the way you act."

Chorus 3

‖ **G** **N.C.** |
'Cause I always have to steal my kisses from you,
 | | |
I always have to steal my kisses from you.
                   |
Always have to steal my kisses from ___ you,
 | | |
I always have to steal my kisses from ___ you.
G |**C6**
Always have to steal my kisses from you,
|**D6** |**G**
I always have to steal my kisses from you.
 | |**C6**
I always have to steal my kisses from ___ you,
|**D6** |**G**   ‖
I always have to steal my kisses from ___ you.

Outro   ‖: **G** |**C6** |**D6** |**G**   :‖ ***Repeat and fade***

Stir It Up

Words and Music by
Bob Marley

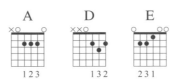

Intro ‖:A |D   E   :‖ *Play 4 times*

Chorus 1

A |D   E |A |D   E
Stir it up,   little darling, stir it up. Come on baby.
                |A |D   E |A |D   E
Come on and stir it up,   little darling, stir it up.

Verse 1

‖A |
It's been a long, long time
D   E |A |D   E
   Since I've got you on my __ mind. (Ooh)
   |A
And now you are here.
   |D   E |A |
I say it's so clear to see what a we will do, baby.
D   E   ‖
   Just me and you. Come on and

Chorus 2　　　　　　　　　*Repeat Chorus 1*

Verse 2

```
A                |D          E   |
I'll push the wood, and I'll blaze your fire.
A                 |D      E    |
   Then I'll satisfy your    all de - sire.
A                |D    E      |
   Said I stir it, yeah,    ev'ry minute.
A                     |D        E         ‖
   All you've got to do, baby,    is keep it in it and
```

Chorus 3　　　　　　　　　*Repeat Chorus 1*

Verse 3

```
           ‖A         |D        E      |
And then    quench me    when I'm thirsty.
A                          |D      E    |
   Come on, cool me down, ba - by, when I'm hot.
A                   |D     E    |
   Your recipe, darling,    is so tasty.
A               |D        E      ‖
   And you sure    can stir your pot.
```

Chorus 4　　　　　　　　　*Repeat Chorus 1 (w/ voc. ad lib.) and fade*

Sunshine Superman

Words and Music by
Donovan Leitch

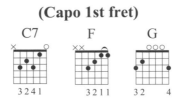

(Capo 1st fret)

Intro　　　　‖: **C7**　　｜　　　｜　　　｜　　　:‖

Verse 1

C7
Sunshine came soft - ly through my a window to - day,

　　Could've tripped out eas - 'ly a but I've a changed my ways.

F
　It'll take time, ___ I know it, but in a while

C7
　You're gonna be mine, ___ I know it, we'll do it in style,

G　　　　　　　　　　**F**
'Cause I made my mind up, you're going to be mine.

　　　　　　　　　　　　C7
I'll tell you right now, ___ any trick in the book ___ now baby,

A that I can find.

Verse 2

C7 | | | |
    Ev'rybody's hust - lin' just to have a little scene.

          | | | |
    When I say we'll be cool __ I think that you know what I mean.

F | | | |
    We stood on the beach __ at sunset, do you remember when?

C7 | | | |
    I know a beach __ where baby, a it never ends.

G | |F | |
When you've made your mind up, for - ever to be mine.

C7 | | | |
    I'll pick up your hand __ and slowly, blow your little mind.

 G | |F |
'Cause I made my mind up, you're going to be mine.

          |C7 | |
I'll tell you right now, ___ any trick in the book, __ now, baby,

        | ‖
    A that I can find.

Interlude

C7 | | | |

      | | G | |

F | | C7 | | | ‖

Verse 3

C7 | | | |
    Superman or Green Lan - tern ain't got a nothin' on me,

          | | | |
    I can make like a tur - tle and dive for pearls in the sea.

F | | |
A you, you, you can just sit __ there a thinkin' on your velvet throne

C7 | | | |
    'Bout all the rain - bows a you can a have for your own,

G | |F | ‖
When you've made your mind up for - ever to be mine.

Outro

‖: C7 | | | |
    I'll pick up your hand __ and slowly blow your little mind,

G |
When you've made your mind up

   |F | :‖
For - ever to be mine.   ***Repeat and fade***

Sweet Caroline

Words and Music by
Neil Diamond

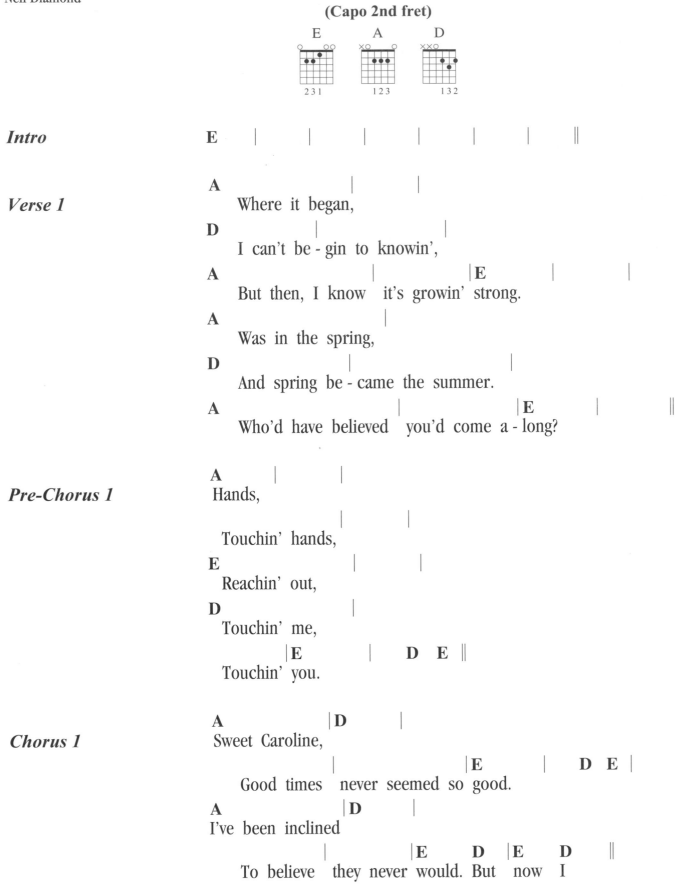

(Capo 2nd fret)

Intro

E | | | | | | ||

Verse 1

A | |
Where it began,

D | |
I can't be - gin to knowin',

A | |E | |
But then, I know   it's growin' strong.

A |
Was in the spring,

D | |
And spring be - came the summer.

A | |E | | ||
Who'd have believed   you'd come a - long?

Pre-Chorus 1

A | |
Hands,

| |
Touchin' hands,

E | |
Reachin' out,

D |
Touchin' me,

|E | D E ||
Touchin' you.

Chorus 1

A |D |
Sweet Caroline,

| |E | D E |
Good times   never seemed so good.

A |D |
I've been inclined

| |E D E D ||
To believe   they never would. But   now   I

Verse 2

A | |
Look at the night,

D | |
And it don't seem so lonely.

A | |E | |
We fill it up   with only two.

A | |
And when I hurt,

D | |
Hurtin' runs off my shoulders.

A | |E | ‖
How can I hurt   when holdin' you?

Pre-Chorus 2

A | |
Warm,

| |
Touchin' warm,

E | |
Reachin' out,

D |
Touchin' me,

|E | D E ‖
Touchin' you.

Chorus 2

A |D |
Sweet Caroline,

| |E | D E |
Good times   never seemed so good.

A |D |
I've been inclined

| |E D |E D ‖
To believe   they never would. Oh,   no,   no.

Interlude

E | | | | | | ‖

Outro

A |D |
Sweet Caroline,

| |E | D E |
Good times   never seemed so good.

A |D |
Sweet Caroline,

| |E | D E |A ‖
I believed   they never could.

Time for Me to Fly

Words and Music by
Kevin Cronin

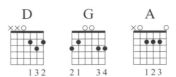

Intro

‖:D   G |A   G   :‖

Verse 1

      D
 I've been around for you,

   |A
I've been up and down for you,

   |G |D
But I __ just can't get any relief.

   | |
I've swallowed my pride for you,

   A
   Lived and lied for you,

   |G |D
But a you still make me feel like a thief.

       |A
You got me stealin' your love away

     |G   D |
'Cause a you never give it.

  A
 Peelin' the years away

  |G   D
And a we can't re - live it.

 |G   D
Oh, I make you laugh,

  |G   D |
And a you make me cry.

 A | ‖
   I believe it's time for me to fly.

‖:D   G |A   G   :‖

Verse 2

D
 You said we'd work it out,
 |A
You said that you had no doubt,
 |G |D
That deep down we were really in love.
          |
Oh, but I'm tired of holdin' on
 |A |
To a feelin' I know is gone.
 G |D
      I do believe that I've had enough.
             |A
I've had e - nough of the falseness
          |G   D
Of a worn-out re - lation.
 |A
E - nough of the jealousy
       |G   D
And the intolera - tion.
 |G   D
Oh, I make you laugh,
     |G   D |
And a you make me cry.
 A |D |N.C.
      I believe it's time for me to fly.

Chorus 1

                              ‖A |G   D
(Time for me to fly.)
                              Oh, I've got to set __ myself free.
                              |A |G   D |
(Time for me to fly.)
                              Ah, that's just how it's a got to   be.
 G |A
      I know it hurts to say good - bye,
                              |G |A   ‖
But it's time for me to fly.

Interlude

```
D      |        |G      |        |
A      |        |D      |
```

Chorus 2

```
                              ‖A                    |G       D
(Time for me to fly.)
                         Oh, I've got to set __ myself free.
                              |A                    |G     D   |
(Time for me to fly.)
                         Ah, that's just how it's a got to   be.
G                             |A
   I know it hurts to say good - bye,
                         |G        |A
But it's time for me to fly.
                         |G           |A
It's time for me to fly, __ ee-i, ee-i.
                      |D
It's time for me to fly.
       G              |A
(It's time for me to fly.)
       G          |D
It's time for me to fly.
                      |A
(It's time for me to fly.)
       G          |D
It's time for me to fly.
       G              |A        G      |D    |      ‖
(It's time for me to fly.)
                    Babe, __ it's time for me to fly.
```

What I Got

Words and Music by Brad Nowell, Eric Wilson,
Floyd Gaugh and Lindon Roberts

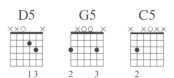

Intro   **D5**   **G5** |**D5** **G5** ‖

Verse 1

     D5   **G5** |**D5**   **G5** |
  Early in the morn - in', risin' to the street.

     D5   **G5** |
  Light me up that cigarette and I

     D5   **G5** |
  Strap shoes on my feet. (De, de, de, de, de.)

     D5   **G5** |**D5**   **G5** |
  Got to find a rea - son, reason things went wrong.

     D5   **G5** |**D5**   **G5** |
  Got to find a reason why my money's all gone.

       D5   **G5** |**D5**   **G5** |
  I ___ got a Dalma - tian and I can still get high.

       D5   **G5** |**D5**   **G5** ‖
  I ___ can play the guitar like a motherfuckin' riot.

Interlude 1   **D5** **G5** |**D5** **G5** |
                      D5 **G5** |**D5** **G5**

Verse 2

```
    ‖ D5                    G5
Well, life is (too short) so love ___ the one you got
        | D5                      G5              |
'Cause you might get run over or you might get shot.
D5                    G5                    |
Never start no static, I just get it off my (chest.)
D5                    G5                    |
Never had to battle with no bulletproof (vest.)
D5                      G5                    |
Take a small example, take a ti-ti-ti-tip from me.
D5                       G5
Take all of your money, give it all (to char-i-ty-ty-ty-ty.)
   | D5              G5
Love is what I got, it's within my reach
      | D5                      G5
And the Sublime style's still straight ___ from Long Beach.
          | D5                      G5                    |
It all comes ___ back to you, you fin'lly get what you deserve.
   D5                    G5              |
Try to test that, you're bound to get served.
   D5                  G5
Loves what I got, don't start a riot.
   | D5                      G5      ‖
You feel it when the dance gets hot.
```

Chorus 1

```
D5    G5              | D5          G5              |
 Lovin'   is what I got. ___ I said re - member that.
D5    G5              | D5          G5              |
Lovin'   is what I got, ___ and re - member that.
D5    G5              | D5          G5              |
Lovin'   is what I got. ___ I said re - member that.
D5    G5              | D5          G5              ‖
Lovin'   is what I got, ___ I got, I got, ___ I got.
```

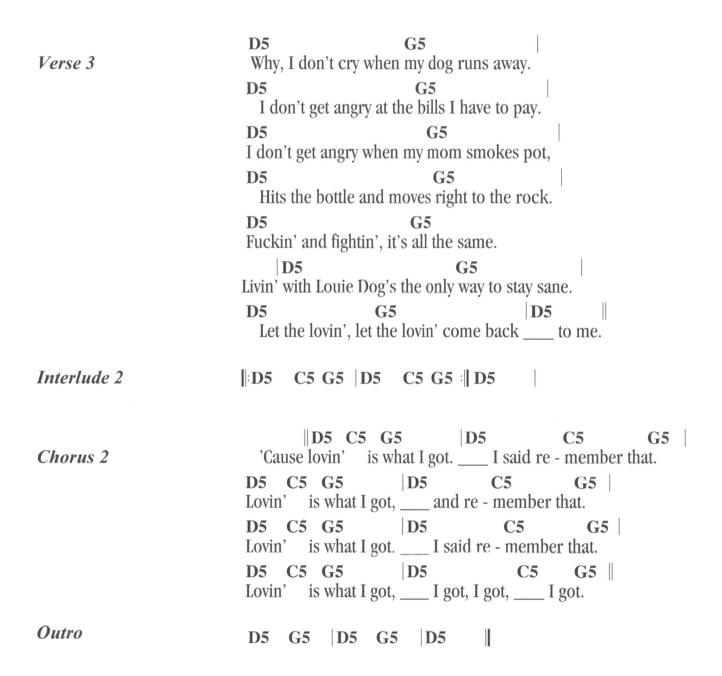

Verse 3

D5   G5 |
Why, I don't cry when my dog runs away.
D5   G5 |
I don't get angry at the bills I have to pay.
D5   G5 |
I don't get angry when my mom smokes pot,
D5   G5 |
Hits the bottle and moves right to the rock.
D5   G5
Fuckin' and fightin', it's all the same.
  | D5   G5 |
Livin' with Louie Dog's the only way to stay sane.
D5   G5 | D5 ||
Let the lovin', let the lovin' come back ____ to me.

Interlude 2

‖: D5 C5 G5 | D5   C5 G5 :‖ D5 |

Chorus 2

     ‖ D5 C5 G5 | D5   C5   G5 |
'Cause lovin' is what I got. ____ I said re - member that.
D5 C5 G5 | D5   C5   G5 |
Lovin' is what I got, ____ and re - member that.
D5 C5 G5 | D5   C5   G5 |
Lovin' is what I got. ____ I said re - member that.
D5 C5 G5 | D5   C5   G5 ‖
Lovin' is what I got, ____ I got, I got, ____ I got.

Outro

D5 G5 | D5 G5 | D5   ‖

Used to Love Her

Words and Music by W. Axl Rose, Slash,
Izzy Stradlin', Duff McKagan and Steven Adler

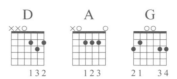

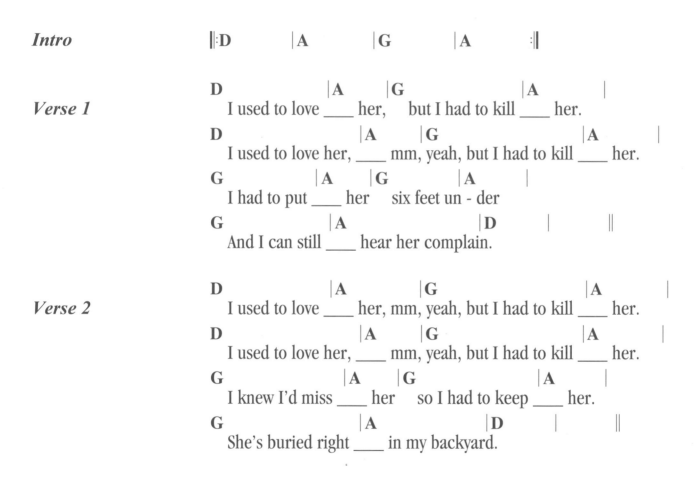

Intro

‖: D | A | G | A :‖

Verse 1

D | A | G | A |
I used to love ___ her,   but I had to kill ___ her.
D | A | G | A |
I used to love her, ___ mm, yeah, but I had to kill ___ her.
G | A | G | A |
I had to put ___ her   six feet un - der
G | A | D | ‖
And I can still ___ hear her complain.

Verse 2

D | A | G | A |
I used to love ___ her, mm, yeah, but I had to kill ___ her.
D | A | G | A |
I used to love her, ___ mm, yeah, but I had to kill ___ her.
G | A | G | A |
I knew I'd miss ___ her   so I had to keep ___ her.
G | A | D | ‖
She's buried right ___ in my backyard.

Guitar Solo 1   *Repeat Verse 1 (Instrumental)*

Verse 3

D |A |G |A |
  I used to love ___ her,   but I had to kill ___ her.

D |A |G |A |
  I used to love her, ___ mm, yeah, but I had to kill ___ her.

G |A |G |A |
  She bitched so much   she drove me nuts.

G |A |D | ||
  And now we're hap - pier this way.

Guitar Solo 2   *Repeat Verse 1 (Instrumental)*

Verse 4

D |A |G |A |
  I used to love ___ her,   but I had to kill ___ her.

D |A |G |A |
  I used to love her, ___ mm, yeah, but I had to kill ___ her.

G |A |G |A |
  I had to put ___ her, oo, ___ six feet un - der

G |A |D | ||
  And I can still ___ hear her complain.

Werewolves of London

Words and Music by Warren Zevon,
Waddy Wachtel and Leroy Marinell

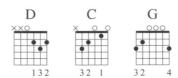

Intro   ‖: D   C |G   :‖ *Play 4 times*

Verse 1

```
D               C              |G                      |
  I saw a were - wolf with a Chinese menu in his hand
D                        C         G        |        |
  Walkin' through the streets ___ of Soho ___ in the rain.
D      C                 |G         |
  He was lookin' for the place called Li Ho Fook's.
D      C          |G              ‖
  Gonna get a big dish of beef chow mein.
```

Chorus 1

```
D   C  |G              |D  C |G       |
  Ow ooh, werewolves of London,   ow ooh.
D   C  |G              |D  C |G       ‖
  Ow ooh, werewolves of London,   ow ooh.
```

Verse 2

```
D            C              |G          |
  You hear him howlin' around your kitchen door,
D   C          |G       |
  You better not let him in.
D      C              |G        |
  Little old lady got mutilated late last night.
D         C      G   |G       ‖
  Werewolves of London again.
```

Chorus 2	*Repeat Chorus 1*
Guitar Solo	*Repeat Verse 1 (Instrumental)*

‖ D   C |G |

Verse 3

He's the hairy handed gent who ran amuck in Kent.

D   C |G |

Lately he's been o - verheard in May - fair.

D   C |G |

You better stay a - way from him, he'll rip your lungs out, Jim.

D   C |G   ‖

Huh! I'd like to meet his tailor.

Chorus 3   *Repeat Chorus 1*

D C |G |

Verse 4

Well, I saw Lon Chaney walk - in' with the Queen

D   C |G |

Doin' the werewolves of Lon - don.

D   C |G |

I saw ___ Lon Chaney junior ___ walkin' with the Queen, uh,

D   C |G |

Doin' the were - wolves of Lon - don.

D   C |G |

I saw a werewolf drinking a Pina Colada at Trader Vic's

D   C |G   ‖

And his hair was perfect.

Outro

D C |G |

Ow ooh,

D C |G |

Werewolves of Lon - don. Huh, draw blood.

D C |G |

Ow ooh,

D C |G |D C|G ‖

Werewolves of Lon - don.   **Fade out**

You Are My Sunshine

Words and Music by
Jimmie Davis

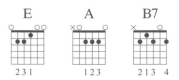

Verse 1

‖**E** | | |
The other night dear ___ as I lay sleeping,
|**A** | |**E** |
I dreamed I held you in my arms.
|**A** | |**E** |
When I a - woke dear ___ I was mis - taken,
| |**B7** |**E** |
And I hung my head and cried:

Chorus 1

‖**E** | | |
You are my sunshine, ___ my only sunshine,
|**A** | |**E** |
You make me happy ___ when skies are gray.
|**A** | |**E** |
You'll never know dear ___ how much I love you.
| |**B7** |**E** |
Please don't take my sunshine a - way.

Verse 2

```
      ‖E            |              |           |
I'll always love you __ and make you happy,
      |A   |        |E    |
If you will only say the same.
      |A           |              |E    |
But if you leave me __ to love an - other
      |        |B7      |E    |
You'll re - gret it all some day.
```

Chorus 2   *Repeat Chorus 1*

Verse 3

```
      ‖E            |              |           |
You told me once dear __ you really loved me,
      |A   |              |E       |
And no one else could come be - tween.
      |A           |              |E    |
But now you've left me __ and love an - other;
      |        |B7    |E         |
You have shat - tered all my dreams.
```

Chorus 3   *Repeat Chorus 1*

You Don't Mess Around with Jim

Words and Music by
Jim Croce

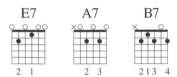

Intro   **E7** | | | ‖

Verse 1

E7 | | | |
Uptown got its hust - lers, the bow'ry got its bums.

                                  |
Forty-second street got big ___ Jim a Walker.

       | |
He a pool shootin' son of a gun.

                     |**A7** |
   Yeah, he big ____ and dumb as a man ___ can come,

       | |
But he's stronger than a country horse.

                     |**B7** |**A7**
And when the bad folks all get to - gether at night

                     |**B7** |**A7** |**E7** |
You know they all call big Jim, "Boss," ___ just because.

       And they say,